超影響力

メンタリスト
DaiGo

歴史を変えた
インフルエンサーに学ぶ
人の動かし方

祥伝社

世界の情勢、世の中の流行、社会の動き、
仕事の出来不出来から人間関係まで——。
それらすべてを決めているのは、

「影響力」です。


「超影響力」という名のこの本を手に取ったみなさんは、
おそらくそのことに気づいていることでしょう。

これまでにも、「この人の話は聞きたい」「この人はすごい」

「この人のオススメはほしい」「この人についていきたい」

「この人には逆らえない」と思わされる人物のことを、

「カリスマ」「天才」「インフルエンサー」

あるいは**「人たらし」「黒幕」**などのように呼んでは、

人を動かすそのパワーについて実感してきたはずです。
では、そういった一部の能力者たちと、
それ以外の人とでは、
それほどに違いがあるのでしょうか？

答えはノーです。

すべては、この本にあるテクニックを
意識的にせよ、無意識的にせよ、
使っているかどうかだけ、です。
そしてそのテクニックは、意識をすることで
誰でも簡単に学び取れるものなのです。

それでは、何をすることによって、
あなたも人を動かすことができるようになるのか、
歴史的偉人たちの例や研究機関のデータをもとに、
特に有効なものを**「超影響力」**としてお伝えしましょう。

プロローグ――「超影響力」で何が変わるのか？

最初に1つ、白状します。

今、こうして〝人を動かす影響力〟の本を書いている私ですが、子どもの頃からずっと人付き合いが苦手でした。

「でも、大人になって改善し……」と、苦い過去を振り返りながら語っていきたいところですが、実は現在でも得意ではありません。

「Dラボ－メンタリストDaiGoの心理学徹底解説」や、YouTubeライブでの印象が強い人は、物静かな私をイメージしづらいかもしれません。

動画では、多くの人に新しい知識を伝えるため、超早口で、身振り手振りも大きく、ときには一人二役の小芝居も入れながら話しています。

テンションは高く、社交的に見えるかもしれません。

しかし、普段の私は人見知りで無口です。

最近は出演を減らしていますが、テレビに出るとき、人付き合いが苦手な自分に改めて気づきます。

番組収録が行なわれるスタジオと控え室の間には、撮影の準備が整うまでの時間、出演者が待機するためのスペースがあります。飲み物やお菓子も用意されていて、芸人さんやタレントさんたちは、それぞれに談笑し、にぎやかな雰囲気です。

でも、私はというと、本番の声がかかるまで壁際で気配を消して本を読んでいます。これは企業や地方での講演でも変わりません。できるだけ控え室で静かに過ごし、人が集まる場は避けつつ、どうしてもそこにいなければならないときは、壁の花状態に。

なぜ、そうなるのか……理由ははっきりしています。

私はどちらかと言えば、**「コミュ障」に近い内向的な性格**だからです。

以前、「ビッグファイブ」と呼ばれる、科学的に最も信憑《しんぴょう》性が高いとされる性格分析テストを試したところ、私は協調性と共感能力が極端に低いことがわかりました。

この性格特性の人は、1人で行動することを好み、他人に対して批判的になりがち。その結果を知って、私は自分が小中学生時代になぜイジメの対象となったのか、理由がよく理解できました。

本好きで、他人に批判的。

普段は黙っているのに「こうだ」と思ったことは言わなければ気が済まず、クラス内のパワーバランスや人間関係など気にしない。空気を読めないヤツが辛辣《しんらつ》な批判と譲れない自己主張を続ければ、攻撃の対象になります。

その結果、上履きに画びょうを入れられたり、トイレで水責めにされたり、ドラマでしか見られないような出来事が日常的に降りかかってきました。イジメは小1から中2まで8年間続き、友達はいませんでした。

当時は、「クラスが変われば誰かが助けてくれるはず」「担任が変われば気づいてくれるはず」と期待しては、裏切られることの繰り返し。人との関係が思うようにならないのは、周囲のせいだと思っていました。


そうした最中《さなか》の中2のある日、詳しい経緯は過去の著書に書きましたが、私は怒りを爆発させ、周囲が恐れを抱くような事件を起こします。その結果、孤立していることは変わらないものの、イジメは終わりました。

そのとき、私は**「他人は助けてくれない。ならば自分で自分を助けよう」という大きな発見**をします。

それがメンタリストＤａｉＧｏに至る出発点にもなったのです。

イジメを受けていた私の状況は、「影響力」で変わった

この経験は、私にとって大きな財産になりました。

なぜなら、**「自分から行動を起こせば、世界が変わる」**という強烈な学びになったからです。「先生がいつかとめてくれる」「転校生がやってきて親友になり、自分を救ってくれる」といった願望や空想は、一時の慰《なぐさ》めにしかなりません。

しかし、自分から動き出せば、状況はいくらでも変わっていきます。

そのことを理解した当時の私は、「天然パーマの髪にストレートパーマをかける」「メガネをコンタクトレンズにする」「下から3番目だった成績を学年3位以内にする」と決め、次々に実行に移していきました。

すると、第一印象を左右する外見に手を加え、目に見えて能力がわかるテストの点数を伸ばしていったことで、周囲の人の自分を見る目が変わっていきました。

自分の本質的な性格、考え方は変えなくても、**見せ方や伝え方、表現方法に気を配るだけで、周囲からの評価が変化していく**ことを実感したのです。

こうして自分の変化に手応えを得た私は、その後、本格的に心理学、統計学、行動経済学、脳神経科学などを学び始めました。

また、さまざまな分野の知識を得る過程で、**私が外見の変化やテストの点数アップによって得た効果は、「説得力」と「影響力」によるもの**だったことに気づきます。

そしてこの2つの力を最大化したものとして、かつて偉人たちも活用してきた**「大衆扇動」**のテクニックにたどり着いたのでした。

「説得力」と「影響力」を組み合わせた「超影響力」とは？

ところでみなさんは、「メンタリスト」とは本来何者であったか、ご存じでしょうか？

歴史的に紐《ひも》解くと、元々は欧米において政治家のブレーンとして、演説の原稿を用意し、語り方や身振り手振りの効果的な使い方をアドバイスし、大衆の心を動かす手助けをしてきた存在でした。

つまり、そもそも**メンタリストの専門とは大衆扇動**であり、そのスキルは政治家などをサポートする過程で**「説得力と影響力を組み合わせ、人々の行動を促す技術」**として研ぎ澄まされていったものなのです。

とはいえ、人を煽《あお》り、動かす「大衆扇動」という言葉は、あなたにダークなイメージを与えるかもしれません。私もこの力をプロパガンダなどに悪用してほしいわけではありません。

そこで本書では、「説得力と影響力を組み合わせ、人々の行動を促す技術」のことを**「超影響力」**と呼ぶことにしました。

目の前の相手を、グループを、組織を、たくさんの人々を、説得し、影響を与えて、動かす超影響力――実際、**私自身もこの力を活用することで、大きな権力や他人、特定の場所や時間に依存しないような仕事の進め方を実現**できるようになりました。

メンタリストとしてバラエティ番組に出演していた20代の頃、私は寝る間もないほどの忙しさの中で強いストレスを受けて苦しみ、メンタリストであるにもかかわらず、メンタルのバランスを崩し、逃げることを選びました。

とはいえ、間違っていることや効率の悪いことに気づくと、場の空気など読まずに指摘してしまう私には、「上司が」「先輩が」と物事の白黒よりも立場に配慮する、いわゆる日本企業的な環境に行っても、うまくやれそうにはありません。

そこで私は、パフォーマーとして奇跡の技を望む世間やテレビの世界の期待に応えることをやめ、原点に立ち返って「超影響力」を駆使することにしました。

これまで学んできたさまざまな学術的な研究データを、多くの人の日常に役に立つ形にまとめ、超影響力のテクニックを使いながら、発信を始めていったのです。

その結果、今、約8万人の有料会員がいる「Dラボ－メンタリストＤａｉＧｏの心理学徹底解説」を中心に、あなたのように学ぶことが好きな人、学んだことを試す意欲のある人、かつての私と同じように人生を変えたいと願っている仲間、そんな人たちが集まるコミュニティを作ることができました。

そして私の周囲には、このやっかいな性格を理解してくれる少数の優秀なスタッフがいて、結果的にストレスなく、いくつものビジネスを形にすることができています。

最初に白状した通り、私は大人になった今も協調性は低く、共感能力も高まってはいません。自分の内面の基本的性格も考え方もそのままです。

それでも、超影響力はその効力を発揮します。

もしあなたが私に劣らず人付き合いが苦手だったとしても、気にすることはありません。

超影響力は、内向的か外向的かに関係なく、仕事や人間関係にポジティブな変化をもたらすことができるテクニックなのです。

「超影響力」で、あなたの問題は解消できる

さて、あなたは今、どんな問題を抱えていますか？

「超影響力」の知識を学び、その一端を日々の生活の中で実践していけば、あなたの抱えている問題は解消されます。

なぜなら、**私たちが日々感じる問題の大半は、自分が思ったように物事が進まないことと関係していて、しかもその原因となっているのは、「人」だから**です。

- ベストな解決策が見つかったのに、意固地な上司が認めない
- 日々のがんばりを夫（妻）が理解してくれない
- 要領のいい同僚が褒《ほ》められ、縁の下の力持ち的な働きをしても評価されない
- 好みと気分で言うことの変わる恋人に振り回されている
- 好みと気分で言うことの変わる取引先のキーパーソンに悩まされている
- 親に強く否定されて以来、常に周囲の人の顔色を窺《うかが》うようになってしまい苦しい
- いつも人の意見に流されてしまう自分にイライラする
- 本当はコミュニティを引っ張る存在になりたいのに、自分を変えられない

こんなふうに、物事があなたの望んだ方向に進まないのは、周囲にいる人や自分自身が邪魔をするからではないでしょうか。

認められるはずが認められない。いいと思ったことが受け入れてもらえない。理不尽な要求に悩まされている。自分のしたいことではなく誰かがしてほしいことをする人生になっている――。

もし、あなたが「真面目にやっているのに、いまいち報われない」と不満に思っている

のなら、本書はそれを解決する鍵になります。**ここには周囲の人を味方にし、あなたの望む方向へ行動するよう促す方法が紹介されている**からです。

実は、このプロローグも超影響力の基本となるテクニックを使って書かれています。

私の考えていること、打ち明けた過去のエピソード、今感じている喜びはすべて本物で、嘘《うそ》はありません。

ただ、この文章には、あなたの無意識を操る**「シュムージング」**や**「反復」**といった本書で紹介するメソッド、行動を促すトリガーとなる**「同情」**や**「アイデンティティ・ラベリング」**が盛り込まれています。

その影響で、今、あなたの中で超影響力への関心が高まっているはずです。

プロローグの文章のどの部分が気持ちを動かしたのか。どこにテクニックやトリガーが組み込まれているのか。1章以降を読みながら、答え合わせを楽しんでください。

「影響力の素人」が陥りがちなポイント

説得力と影響力を組み合わせ、人々の行動を促す「超影響力」の考え方は、**仕事の交渉にも、友達とのやりとりにも、好きな相手を口説くためにも使えます。**もちろん、**対個人だけでなく、対会社、対集団、対顧客にも有効**です。

私はメンタリズムを知ったあと、最初に大衆扇動について学ぶことに多くの時間を割きました。というのも、ここに**自分が世に出ていくために必要な知恵が集約されている**と気づいたからです。

多くの人は、影響力を発揮する方法を知らないまま人間関係を築き、仕事をし、暮らしています。でも、それは非常にもったいないことです。自分がどの方向に向かいたいかを表明せずにいると、仲間も味方もなかなか増えていきません。

商品にたとえるなら、とてもいい商品なのに日の目を見ないまま倉庫に眠っているようなものです。でも、その商品をインフルエンサーが発見し、使ってみて「これ、オススメです」と発信すれば、たくさんの人が存在に気づき、商品はヒット商品の仲間入りをすることでしょう。

恋愛でもまったく同じことが言えます。

相手のことが好きで、大切に思い、優しく接しているのに、その気持ちをきちんと伝えなければ何も始まりません。

「好きだ」と伝えるのは、まさに影響力の行使です。そして、相手があなたの思いに納得してくれたら、人生は新たな局面を迎えます。

つまり、**影響力とは、あなた自身がインフルエンサーとなって自分の向かいたい方向、望み、夢などを表明することによって初めて発揮される**のです。

それをせず「いつか誰かが……」と発見されるのを待っていては、あなたも「質はいいけれど、売れない商品」として倉庫に眠るままになってしまうかもしれません。

もっと身近なシーンで言えば、家族やパートナーにごはんを作ったとき、相手が無言で食べ始めたらイラッとしませんか？　これも影響力です。

あなたが期待していた「作ってくれてありがとう」「おいしい」といった言葉が相手か

らなかったことでイラッとするわけです。

でも、あなたが「お腹《なか》すいている?」「味はどう?」と伝え、影響力を駆使していれば、相手から何らかのポジティブなリアクションが返ってきたことでしょう。

つまり、**気持ちを伝えないから損をしてしまう**わけです。これは仕事や公の場でも変わりません。

ところが、**多くの人は影響力の使い方を学んでいない素人状態なので、目の前の相手やグループに合わせて空気を読もうとします。**周囲の人の顔色を窺い、上司や顧客の出方を気にし、恋人の機嫌を探り、相手に無理に合わせようとしながら、「でも、これが普通のコミュニケーションだ」と思ってストレスを溜めているのです。


しかし、超影響力の考え方は違います。

あなたが相手やグループに合わせるのではなく、相手やグループがあなたに合わせるように持っていくこと。

相手が付き合いやすいご機嫌な人でも、強面《こわもて》で不機嫌そうな人でも、その両方のタイプが混在しているグループでも、どうすればあなたの望む方向に動かしていけるかを追求し、実現していくことが目的です。

「超影響力」と
普通のコミュニケーションの違い

「超影響力」	普通のコミュニケーション
1 自分が影響を与える側になることを意識して、自ら働きかけをしていく	**1** 世間や目の前の相手の顔色を窺い、受け身で周りに合わせようとする
≫	≫
2 世の中や目の前の相手に、自分の思いや意図がしっかりと伝わる	**2** 合わせているのに、世間や目の前の相手から、望んだ反応が得られない
≫	≫
3 世の中や目の前の相手が、自分の望んだ形で、反応してくれるようになる	**3** 誰かに指示され、動かされるばかりで、ストレスが溜まり、疲弊していく

「超影響力」によって手に入る未来

「超影響力」を身につけると、こんなことが可能になります。

- 1対1の会話で説得力を発揮できるようになる
- 反感を買わずに人を動かせるようになる
- 周囲があなたの意図を汲《く》んでくれるようになる
- 騙《だま》されなくなる
- 相手の意図が読めるようになる

- 物事を自分で決められるようになる
- 1対複数の場面で、緊張せず語りかけることができるようになる
- 1対複数の場面で影響力を発揮できるようになる
- 集団を味方につけられる
- 相手の欺瞞《ぎまん》を見抜ける
- フェイクニュースを見破れる

マーケティングの世界では「ニーズがあるか」を考えることが大原則となっています。

しかし、超影響力の考え方は逆です。

手元にある「A」が売れる世の中にするには、どうアプローチしていけばいいか。どう人々を説得し、影響を与えていけばいいのか。目の前の人、目の前の集団が「これを買いたい」と思うように仕上げるには、どうすればいいのかを考えます。

ニーズを探すのではなく、ニーズを作るのです。

その先には、次の3つのご褒美《ほうび》が待っています。

「超影響力」のメリット1

強固な人間関係を築くことができる

影響力のある人のところには、他業種や別のコミュニティで力を持っている人が集まってきます。すると、お互いに切磋琢磨《せっさたくま》し合える友人ができ、あなたの人間的魅力も増していきます。なぜなら、人は交流のあるコミュニティから強く影響を受けるからです。

ちなみに「どうぶつの森シリーズ」ふうに言えば、私はメンタリスト業界というゲームの中の誰も訪れない島にいました。でも、影響力が増すうちにさまざまな業界の人とつながりができ、訪れてくれる人が増え、世界が広がっていきました。

「超影響力」のメリット2

今よりも経済的に豊かになれる

影響力を持ち、人や集団を動かせるようになると、副産物として経済的な豊かさが実現されます。これは違う領域に影響力のある人とのつながりができることで、大きな利益が得られるからです。

「超影響力」のメリット3

時間と自由が得られる

人とのつながりが広がることで、誰に何をどう頼めば解決するかがわかるようになりま

「超影響力」で得られる
3大メリット

「超影響力」で自分の人生も操れるようになる

す。自分の力は自分の得意なことに注ぐことができるので、仕事の効率が上がります。そして、苦手なことは人に頼めるようになるので、あなたは自由と多くの時間を得ることができるのです。

つまり、超影響力を身につければ、今の時代、誰もが望んでいる3つのもの＝**「強固な人間関係」「経済的な豊かさ」「時間と自由」が手に入る**わけです。

どこから読み、何から始めるのが正解か ―― 本書の使い方

本書は、1章で超影響力の土台となる

「信用」と「関係性」の築き方、2章で「1対1での聞き手」や「1対多での聴衆」の無意識に働きかけるための準備、3章で実際に相手を行動へと促すトリガーについて掘り下げます。

土台を築き、準備を整え、背中を押す――この3つのステップを心がければ、あなたの影響力は一気に高まっていきます。

さらに5章には、超影響力をより効果的に役立てるための悪用厳禁な黒いテクニックを集めました。

ちなみに、自分では積極的に意思や意図を伝え、影響力を発しているつもりなのに、周囲が思い通りに動かないと悩んでいる人は、最初に4章を読み進めてみてください。

ここには、説得力と影響力の間違った使い方と、なぜそれが相手の反感を買ってしまうのかをまとめました。うまくいかない原因を突き止めたうえで、改めて1章に戻ってもらえば、それだけ学ぶ意欲は高まるはずです。

最後に、これは私のどの本にも共通することですが、得た知識は自分で使ってみない限り形になりません。

「知らない」の次が「知っている」、「知っている」の次は「使っている」です。しかし、

「知っている」と「使っている」の間には大きな壁があります。

もし、あなたが本当に自分を取り巻く環境を変えたいと欲しているなら、ぜひ、「知っている」と「使っている」の壁を越えてください。

未来を予測するための方法は、1つしかありません。それは自分の力で未来を作ることです。本書があなたの人生を変えるきっかけとなることを、心から願っています。

メンタリストDaiGo

目次

2章 記憶に残し、無意識を操る5つのメソッド

3章 人・集団を動かす6つのトリガー

4章 あなたが人を動かせなかった3つの理由

5章 悪用厳禁 人を動かす7つの黒いテクニック

編集協力　佐口賢作　DTP　キャップス　ヘアメイク　永瀬多壱(Vanités)　スタイリスト　松野宗和
撮影　田中信吾　ブックデザイン　小口翔平+加瀬梓(tobufune)　リサーチ　鈴木祐

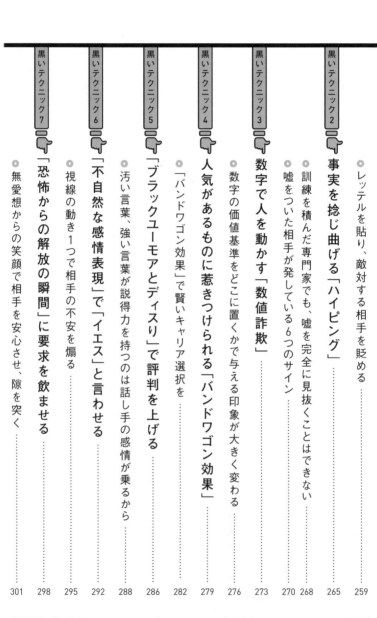

1章

影響力をもたらす2つの原則

影響力のある人は、「信用」と「関係性」を駆使している

2つのたとえ話から1章を始めたいと思います。
同じ場面にあなたがいたらどう思うか？　を想像しながら読み進めてください。

「みんなが貪欲《どんよく》になっているときこそ恐怖心を抱き、みんなが恐怖心を抱いているときにこそ、貪欲であれ」

これは世界一の投資家ウォーレン・バフェットの言葉です。
あなたがお金を運用してみようと迷っているとき、バフェット本人から「みんなが貪欲になっているときこそ恐怖心を抱き、みんなが恐怖心を抱いているときにこそ、貪欲であれ」と教わったとしたら、この言葉は座右の銘になるほどはっきりと記憶に残ることでし

ょう。なぜなら、11歳で株式投資を始め、1代で10兆円を超える純資産を築いたバフェットの教えだからです。

では、もし同じ内容のアドバイスを証券会社の若い営業担当から受けたらどう感じますか？　あなたは「何を偉そうに」「ヤバい銘柄でも買わせるつもり？」「誰かの名言のパクリでしょ？」と反発を覚えるのではないでしょうか。

あるいはこんな場面はどうでしょう。

順調に仕事が進んでいるとき、職場の先輩から「どうした？　いつでも相談に乗るからね」「困っていることがあったら、言ってね」と声をかけられたら？

「どうもしてないけど、先輩、いい人だな」もしくは、「おせっかいだな」と思うくらいです。

でも、何か重大なミスをして言い出せないでいるときや、社内の人間関係で悩んでいるときに、「どうした？　いつでも相談に乗るからね」「困っていることがあったら、言ってね」と言われたら、その言葉はすっと胸に響くのではないでしょうか。

草花を育てるとき、土を耕してから種を蒔《ま》くように、**誰かに影響力を及ぼす人になるためには準備が必要**です。

2つのたとえ話のまとめとして、あなたに質問したいと思います。

1. バフェットにあって、証券会社の若い営業担当にないものは?
2. 同じ「どうした? いつでも相談に乗るからね」「困っていることがあったら、言ってね」という言葉が胸に響いたり、響かなかったりするのはなぜ?

実はここに「影響力」を理解し、使いこなしていくための2つの原則が隠されています。
それは**「信用」**と**「関係性」**です。

- 人は、同じ内容でも信用した相手の話に耳を傾けます
- 人は、同じ内容でも「自分と関係がある」と思った話にしか興味を持ちません

聞き手に信用され、相手と深く関係する話ができる話し手は信頼されます。すると、聞き手本人、聞き手のいるグループに影響力を発揮することができるのです。

同じ言葉でも、影響力に差が出るのはなぜ?

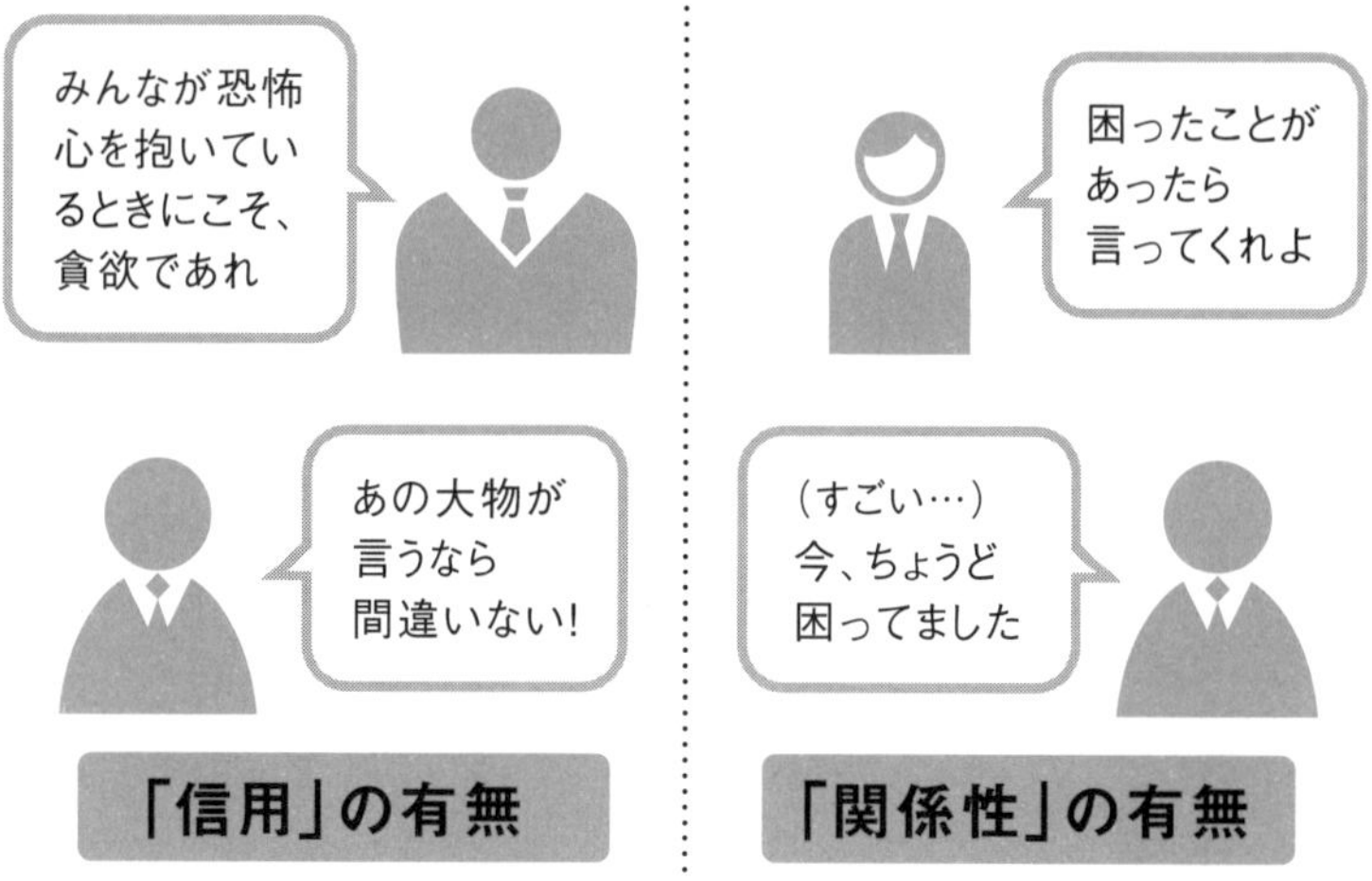
みんなが恐怖心を抱いているときにこそ、貪欲であれ
あの大物が言うなら間違いない!
「信用」の有無
困ったことがあったら言ってくれよ
(すごい…)今、ちょうど困ってました
「関係性」の有無

家族や友人ではない相手に、影響力を発揮するには?

でも、考えてみてください。

あなたには信頼できる友人、知人が何人いますか?

何十人、何百人の顔が浮かぶ人はほとんどいないはずです。親友と呼べる数人の顔、家族、恩師や師匠だと思っている何人かが、心から気を許せる存在として思い浮かぶのではないでしょうか。

何かに悩み、人生の選択に迷ったとき、あなたは彼らに相談し、そのアドバイスに耳を傾けます。なぜなら、彼らは「あなたの状況を理解し、親身になってくれる」＝**「信用できる人が、自分と関係性の深い話をしてくれる」**からです。

つまり、**関係性ができあがっている相手には、影響力を発揮しやすい**わけです。

しかし、こうした信頼関係を築くまでには多くの場合、時間がかかります。

学生時代の同級生、同じ職場で働いていた仲間、趣味を通じて知り合った友達……。いずれも長い時間をともに過ごし、喜怒哀楽を伴う体験を共有したことによって、アドバイスをし合える関係が育《はぐく》まれます。

けれども、「影響力」の正体が＝「時間」では、みなさんも納得しないでしょう。

そこで、本書のテーマである「影響力」という視点で考えてみた場合、他に気づくことがあります。それは、私もあなたも、もっと多くの人からさまざまな影響を受けているという事実です。

私たちは信頼できる特別な人の言葉だけを信じるわけではありません。

ときには初めて会ったばかりの人のアドバイスに納得し、ときにはたまたま読んだ本の偉人の名言に心動かされ、ときには偶然目にしたYouTubeで話すメンタリストの言葉に影響を受けているはずです。

つまり、影響力を発揮するには「信用」と「関係性」が不可欠ですが、この2つを備えた信頼関係を結ぶのに、時間や共通体験が必須なわけではないのです。

影響力のある人は、聞き手にとって「信用できる話し手となる方法」を知っていて、聞き手に「この話は自分に関係があると思わせる術」を持っています。

言い換えるなら、彼らは聞き手を短時間で信用させ、これから語って聞かせる内容に関係性を感じさせ、相手の考えや行動に影響を与えることに長《た》けているのです。

効率的に「信用」を得て、「関係性」を築く手法は存在する

たとえば、私が配信している動画では、プラクティカルバリュー（聞き手に役立つ価値）を意識して、基本的に次の3つの情報を提供するようにしています。

1. 私自身も含め、視聴した人の人生をいい方向へと変化させるために使える情報
2. 取り巻く人間関係を改善したり、友人知人の悩みに答えられるようになったり、視

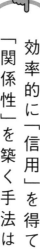

聴した人が周りの人に使える情報

③コミュニケーションが円滑になる、日頃の会話のネタになるような情報

役立つ内容であることは信用を生みます。人生をよくする情報は多くの人に動画への関係性を感じさせます。

しかも、人は自分が使えると思った情報、自分が使ってみたノウハウを「こんないいやり方があるんだよ」「こんなおもしろいノウハウがあるけど、知っている？」などと、他の人にも広めたいと考えます。

これは**自分が先に知ってよさを見抜いた情報を誰かに教え、相手が喜び、「あー、それ、使えるね」「いいね」となることで、承認欲求が強く満たされるから**です。

聞き手にとって価値ある情報の発信を続け、1本1本の動画を積み重ねること。これが結果的に、直接会ったことのない人の考えや行動にも変化をもたらすような影響力の高さにつながっていったのです。

「大衆扇動」の研究は、この「プラクティカルバリューのある情報を発信する」のように、効率的に「信用」を得て「関係性」を築いていく手法をいくつも明らかにしています。

つまり、**そのノウハウを身につけることで、持って生まれたカリスマ性や長時間かけて培った人間関係がなくても、聞き手に影響力を発揮することができる**のです。

さっそく影響力のある人が実践している「短時間で信用を得る方法」と「聞き手に関係性を感じさせる術」について解説していきましょう。

ポイント

「信用」と「関係性」を上手に操れるようになると、影響力を飛躍的に高めることができる。

「信用」を得るための3つのステップ

影響力のある人は、次の3つのステップを踏むことで効率的に聞き手の信用を得ていきます。

1「シュムージング」で打ち解け
2「ストレングス」で相手に自信を持たせ
3「類似と共通点」で仲間意識を深める

それぞれについて、これから1つずつ説明していきましょう。

ステップ

1 シュムージング

○ シュムージングに効果的な5つの話題

1つ目のステップは「シュムージング」です。

聞き慣れない単語ですが、難しいテクニックではありません。簡単に言うと、**「本題を切り出す前に自分のことをネタにした雑談を挟む」**だけです。

本題の前に雑談を……と聞くと、ありふれたやり方に思えるかもしれませんが、**重要なのは「自分のことをネタ」にする**こと。天気の話や最近のニュース、トレンド、業界の噂《うわさ》話などはシュムージングになりません。あなた自身に関係すること、それもかなりコアな部分に触れる話題のほうが効果的です。

そこで、社会心理学者ゲイリー・ウッドが提案する「自己開示に適した10のテーマ」から、**シュムージングに効果的な5つの話題**を紹介します。

お互いに話のきっかけにしやすく、それでいて「私はこういう人間です」「あなたはどうですか？」というやりとりが進みやすいテーマです。

効果的な話題1　お金や健康に関する心配事

お金や健康にまつわる話は、誰しも何らかの心配事を抱えているので一気に親密度が増す話題です。

「一時期体調を崩したことがあって、眠りについて研究したら寝つきがよくなったんですよ。○○さんは、普段よく眠れていますか？」
「実家に帰省するだけでも結構かかっちゃって……。出費はなかなか減らないし、お金の心配って本当に尽きないですよね」

ポイントは、聞き手に「プライベートな話を打ち明けられた」と感じてもらうこと。すると、「返報性の原理」が働き、「自分も心配事を話してみよう」と思ってくれます。

そして、聞き手は自分も打ち明け話をしたという実感を得て、それが相手への親しみへと変わっていくのです。

効果的な話題2　**人生で幸福を感じること、自分の楽しいこと**

自分の好きなこと、最近ハマっていること、幸せを感じる瞬間など、人生においてポジティブな出来事を話しましょう。

「最近、ちょっと凝《こ》った料理にハマってて、作っている間、集中できるし、おいしく食べられるし、家族も喜ぶし、本当にいい楽しみを見つけましたよ」
「猫を飼っているんですけど、ペットと過ごす時間ってどうしてあんなに気持ちが落ち着くんでしょうね。○○さんは、何か飼っていらっしゃいますか？」

笑顔とともに語られるエピソードは聞き手も楽しく聞くことができ、自分の幸せについても話してくれるはずです。

効果的な話題3　**自分の弱点やマイナス面**

あなたが長年悩んでいること、改善したいと思っていること、苦手だから助けてほしいこと、そういった弱点やマイナス面を打ち明けましょう。

「大勢の人と付き合うのが苦手で、どうしたら自分に合った人間関係を作れるか、ずいぶん悩んだ時期がありました」
「最近やっと、『もっとうまくできるはず！』と完璧を求めてしまうのが、独りよがりだったと気づいたんです」

悩みや弱さを打ち明けられるということは、客観的に自分のことを把握できているから。**打ち明け話を聞いた相手は「この人はしっかりしている」「人の悩みや弱さを理解してくれる人だ」と好意的にと受け止めてくれます。**

効果的な話題4　自分の趣味や興味

あなたが長く続けている趣味、これから興味を持って取り組んでいきたいと思っていることをテーマにしましょう。

ただし、語り方にコツがあります。「私の趣味は○○です」では、相手が興味のないジャンルだった場合、「そうですか」で終わってしまいます。

そこで、**興味を持ったきっかけや趣味を通して学んだことなど、あなたなりのエピソー**

ドを交えること。すると、相手も会話に加わりやすくなります。

「心理学の本が昔から好きで、時間があると読み続けているんですけど、そもそも心理学に興味を持ったきっかけは片思いからなんですよ」
「最近、筋トレを始めたんです。体型の変化はもちろんうれしいんですけど、なにより集中力が高まる感じがするんですよね」

効果的な話題5　恥ずかしかった体験や罪悪感を覚えた体験

自分の失敗談、罪悪感が今も残っている体験を語りましょう。

失敗から学んだことを合わせて語ることで、相手は「この人は失敗を乗り越えて成長したんだな」「人の痛みがわかる人だな」といった印象を抱きます。

つまり、あなたという人物の人間性を聞き手に伝えることができるのです。

また、会話の相手が年下の場合は、失敗談を語ることで「年上ですごい人」というレッテルを破ることができて、親密度が高まりやすくなります。

「引きこもりで親に迷惑かけてどん底の時期があったんだけど、あるとき○○さんの話を動画で見て、自分もこんなふうになりたいし、変われるって思ったんだよね」

「大丈夫。私も最初は何度も叱られて、営業成績もビリだったけど、コツをつかんだらできるようになったし、社長も君に期待してるからこそ、あんなふうに言うんだよ」

○相手との心理的な距離を一気に縮めてしまうシュムージング

このようにシュムージングがうまくいくと相手との心理的な距離が大きく縮まっていきます。その効果は2002年にスタンフォード大学の研究チームが行なった実験でも確かめられています。

この実験では、およそ100人の学生に対して「慈善事業に対する寄付を募ること」を指示。その際に参加する学生を次の3つのグループに分け、どのグループが最も効果的に寄付を募ることができたかを比較しました。

①いきなり寄付をお願いするメールを送ったグループ

②メールの最初に、生まれ故郷に関する話や熱を上げて応援しているスポーツチームの話など、自分についての雑談を書いたうえで、寄付をお願いするメールを送ったグループ

③相手に電話で自分の趣味などをテーマにした雑談をしたあと、寄付をお願いするメールを送ったグループ

結果は明らかでした。**寄付のお願いの前に自分をネタにした雑談（シュムージング）を行なった②と③のグループは、寄付をもらえた確率が20％もアップ**したのです。

さらに、メールだけでシュムージングをするよりも、**事前に電話をかけて話をした③のグループのほうが成功率は高い**結果になりました。

また、同研究チームはプラスαの条件での実験も実施。メールや電話ではなく事前に顔を合わせてシュムージングを行なってから、本題をメールで送った場合の変化も観察しました。

すると、**直接会ったグループは寄付をもらえる確率が高まるだけでなく、寄付金額が多**

「シュムージング」で相手からの反応は変わる

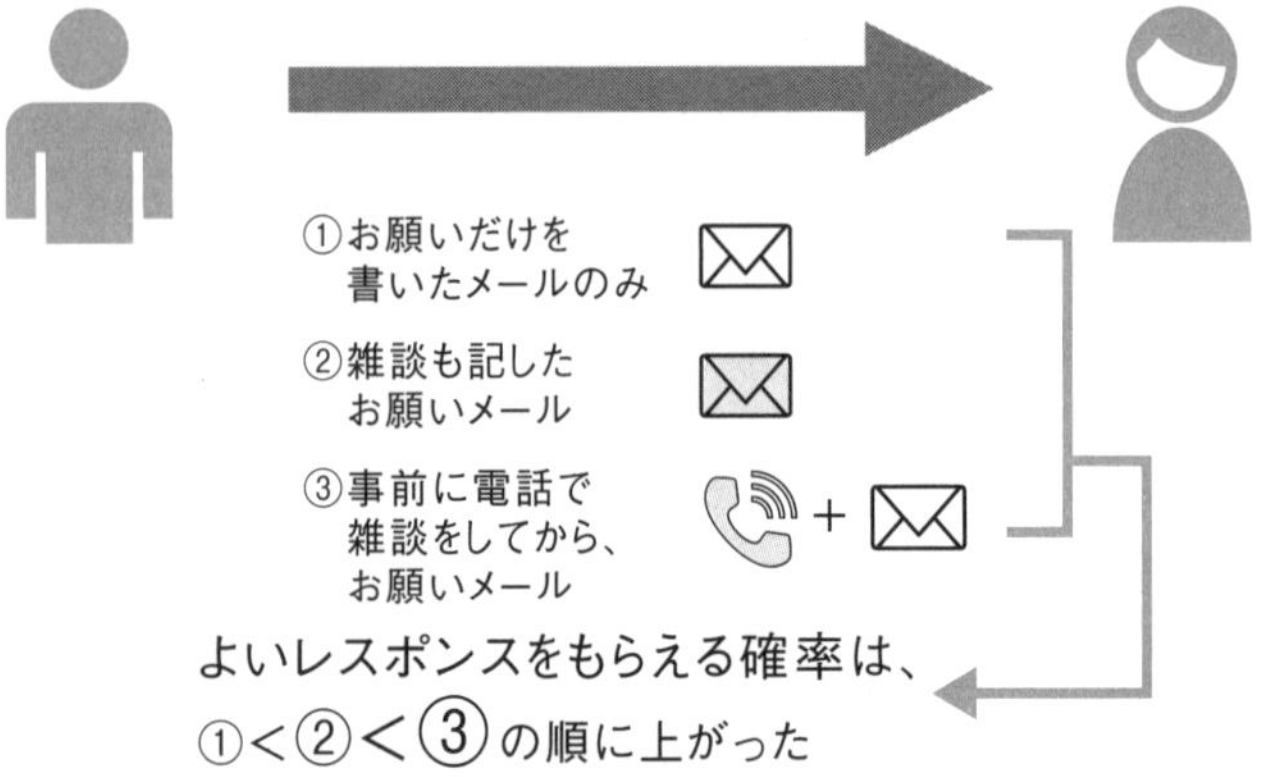

①お願いだけを書いたメールのみ
②雑談も記したお願いメール
③事前に電話で雑談をしてから、お願いメール
よいレスポンスをもらえる確率は、
①<②<③の順に上がった

「信用」を得るには、自己開示によって距離を縮める準備が重要！

くなる傾向も出たのです。

これはシュムージングによって自己開示が進み、相手との間につながりが生じたからだと指摘されています。趣味や出身地、大切にしていること、好きなマンガなど、他愛もない話だとしても、それがあなた自身に関するネタであれば、聞き手は自分との共通点を見出し、親近感を覚えてくれるのです。

このスタンフォード大学の研究からわかるのは、**メールや電話のシュムージングであっても20%も相手を協力的に変える効果がある**ということ。

いきなり商品の紹介を始める営業担当が嫌われるように、**いきなり本題を切り出し**

ても相手は耳を傾けてくれません。距離を縮める準備があるからこそ、そのあとに続く大事な話にも興味を持ってくれるようになるのです。

ステップ

2
……
ストレングス

○人は自分の行動を後押ししてくれる人を信用する

2つ目のステップは**「ストレングス」**です。

これは**聞き手に自信を与え、行動を起こしやすくさせるテクニック**です。

影響力のある人はいつの間にか周囲の人を巻き込み、味方にし、動かしていきます。この巻き込む力を支えているのが、ストレングスです。

人を動かす秘訣《ひけつ》は、自ら行動したくなる気持ちを起こさせること。自ら動いてもらうために必要なのは、命令口調での指示や脅しではありません。人は誰かに認められ、求められていると感じたとき、行動を起こします。

そこで、**影響力のある人たちは聞き手に自信を持たせるステップを踏み、「私は力にあふれている、行動力がある、能力がある、チャンスがある」といった感覚を持たせ、行動を後押ししている**のです。

実は私もストレングスを頻繁に使っていて、配信する動画で次のようなメッセージを繰り返し発信しています。

「このチャンネルを見ているみなさんは、間違いなく多くの知識を得ています。それはおそらく普通の人が一生触れないようなレベルの知識です」

「メンタルが落ち込んでいる夜はどうすればいいか。途切れがちな集中力を回復させるにはどんな方法があるか。何をすれば健康的に痩《や》せることができるのか。どうすればパートナーがあなたの話に耳を傾けてくれるのか」

「みなさんは解決方法となる知識、ツールを持っています。つまり、行動を起こす準備は整っているのです」

いずれも嘘偽りのない本心です。ただ、それをメッセージとして繰り返し発信しているのは、聞いた人に強さを与えることができると知っているからです。

「ここを見れば何か対応策が得られる」と思える動画チャンネルを知っていると、それだけで少し力が湧いてきます。そして、**その情報を発信している人、自分の行動を後押ししてくれる人を信用するようになっていく**のです。

○過去と現在を比較させ、あなたには価値があると気づかせる

私は動画を通じてストレングスを行なっていますが、もちろん、フェイス・トゥ・フェイスのコミュニケーションではより高い効果が期待できます。

大切なのは、聞き手の自己重要感を満たすよう働きかけること。人は誰かに認められ、求められているとき、自分は重要な存在だと信じることができます。すると、失われていた自信が回復し、モチベーションが高まり、行動力も増していくのです。

たとえば、今、あなたの身近に仕事や勉強でつまずき、自信を失っている人がいるとしましょう。あなたなら、どんな声掛けをしますか？

多くの場合、「がんばろう」「この失敗も次につながるよ」など、ポジティブな言葉で相手を励ますのではないでしょうか。しかし、影響力のある人は相手が自己重要感を取り戻すよう、もうひと工夫加えます。

聞き手が「過去の自分」と「今の自分」を比較するきっかけとなるような言葉を贈るのです。

「ここまで努力してきたプロセスに目を向けてみよう。以前よりできることが増えていない？　それは成長の証《あかし》だし、このつまずきだってきっと次につながるよ」
「あなたのがんばりは僕も仲間もずっと見てきたし、知っているよ。一度結果が出なかったくらいで信頼は揺らがないし、挽回《ばんかい》のチャンスはすぐにやってくるよ」

そんなふうに投げかけることで、**聞き手が自分では気づけないままでいる成長と変化を指摘**します。本人に自分を客観視するきっかけを提供するのです。

ポイントは誰かとの比較ではなく、本人の過去と現在に目を向けること。人は誰しも、自分のことを重要だと思いたいものです。その願いが満たされず、心が揺れ動いているときこそ、話し手は「あなたの存在そのものに価値がある」と伝えましょう。

相手が自分の成長や変化、持っている能力、価値を再発見できたとき、やる気は一気に

高まります。まさに話し手の言葉によって、ストレングスされるのです。

そして、聞き手は自己重要感を与えてくれた話し手へ好意を抱くようになります。

○ストレングスで自信を取り戻した人は、話し手に好意を抱く

好意は、人やグループに影響力を発揮するうえで欠かせない感情です。

話し手であるあなたに対して聞き手が好意を抱くと、それが信頼関係を結ぶ土台となっていきます。

たとえば、歴史に名を残す大衆扇動家たちは聞き手である大衆の心に届く言葉を繰り出し、好意を引き出しています。

アドルフ・ヒトラーは第1次世界大戦後の大不況で苦しい状況にいる国民に向け、「あなた方には戦う力があるはずだ」「どんな苦境に立たされてもドイツ国民としての誇りは失われていないはずだ」と働きかけ、支持を拡大。巧みな演説で国民の好意を引き出し、「我々が一致団結して戦うことができれば、必ず勝利が見える」と戦争に向けて国民を煽っていきました。

もちろん、ヒトラーのしたことは許されるものではありませんが、彼が一流の大衆扇動家であったことは事実です。

「ストレングス」が、信用の土台になる

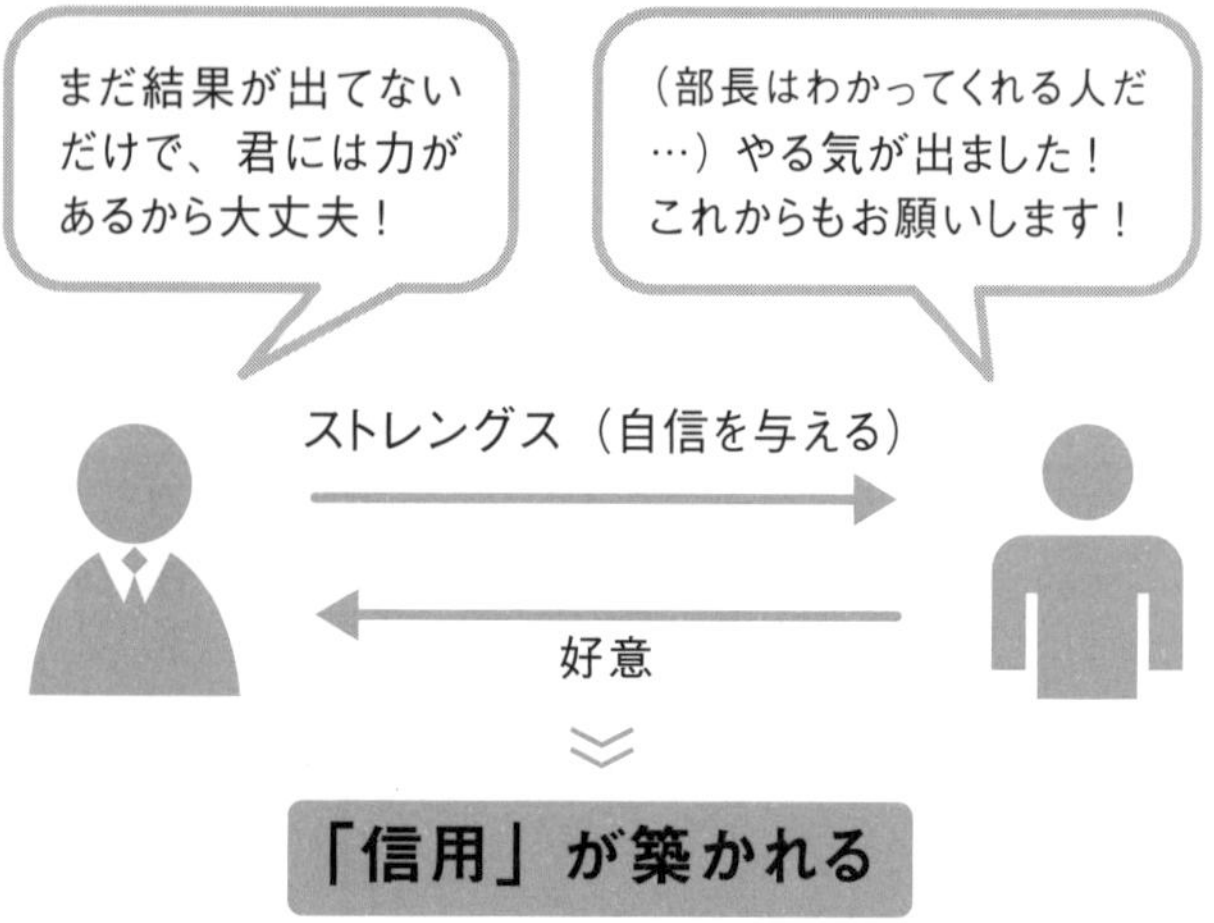
まだ結果が出てないだけで、君には力があるから大丈夫！
（部長はわかってくれる人だ…）やる気が出ました！これからもお願いします！
ストレングス（自信を与える）
好意
「信用」が築かれる

強い影響力を発揮する人は、周囲の人に対して「過去」と「現在」を比較しながら「あなたなら、できる」「あなたには、力がある」というメッセージを発し続けます。

> 「内向的な性格だからこそ、丁寧な仕事ができる」
> 「慎重な人にしか、気づけないことがある」
> 「どんな人も、必ず人生を変える力を持っている」

上滑りしていくお世辞や社交辞令ではなく、**あなたの感情を込めた言葉で伝えましょう。**

心からの期待を込め、相手の力を引き出すメッセージを伝えることで、人はポジティブな方向に動き出します。逆に、口からでまかせの励ましは利己《りこ》的で、すぐに嘘だと見破られます。そこに真実がないからです。

もし、あなたがパートナーや子ども、職場の上司や後輩など、周囲の人を説得し、動かしたいと願っているのならストレングスを心がけてください。

相手の自己重要感を回復させ、自信を持たせること。これがうまくいけば、必ず相手は行動力を取り戻します。そして、**自分に力を与えてくれたメッセージとその言葉を贈ってくれた人のことをずっと忘れずにいてくれる**はずです。

ステップ

3 …… 類似と共通点の強調

○ 聞き手に親しみを感じてもらう秘訣

3つ目のステップは**「類似と共通点の強調」**です。

影響力のある人は、あからさまに人の上に立とうしません。**身近な存在、気軽に話しか**

けられる仲間という立ち位置から、周囲に影響を与えていきます。

上から目線のリーダーは煙たがられ、親しみのあるリーダーは好意を持って支持されるのです。その秘訣が「類似と共通点の強調」にあります。

たとえば、初対面の人と話していて、あとから冷静に振り返ってみると「だから何？」と思うような些細《ささい》な共通点で話が盛り上がったことはありませんか？

- 出身地が同じだった
- 誕生日が近いことが判明
- 血液型が同じだった
- 名前の一部が一緒
- 出身校が同じだった

年齢は離れていても出身地や出身校が同じなら、地元の名店や少し残念なお店、名物教師や学校の近くのサボりスポットなど、小さな共通点が見つかります。

また、誕生日が近いと「お祝いがクリスマスとセットになる」「祝日だったから小中学校時代はなぜか誇らしかった」、血液型が同じなら「占いで似たようなことを言われる」

「だから×型は……と言われてムカつく」」、名前の一部が一緒なら「あだ名はなんだった？」「よく名前を言い間違いされる」といった話ができます。

とはいえ、どれも話題としては何往復かの会話で一段落つくささやかなものです。でも、絶妙な「シュムージング」として機能します。なぜなら、**類似性によって生まれる好意は私たちが思っている以上に大きい**からです。

実際、**人は小さな共通点があるだけで相手の話に耳を傾け、受け入れる確率が2倍近く向上する**ことがわかっています。つまり、相手が「自分と同じだね」と共感し、好意を抱いてくれるだけで、与える影響力、説得力が大幅に高まるのです。

「好きな形容詞が同じ」だけで頼み事を聞く確率が2倍に

カリフォルニア州にあるサンタクララ大学の実験です。

研究チームは実験の参加者に「50種類の形容詞の中から好きなものを20個選んでください」と依頼し、全体を3つのグループに分けました。

1. 類似グループ：好きな形容詞として選んだ20個中、17個が一致する人を集めた集団
2. ニュートラルグループ：20個選んだ形容詞のうち10個が一致する人を集めた集団

③非類似グループ：20個中、3個の形容詞しか一致しなかった人を集めた集団

その後、各グループ内で「自分の書いたエッセイを読んで感想を聞かせてもらいたい」「グループのために○○まで行って××を運んできてもらいたい」など、簡単な頼み事をし合うという実験を行ないました。

すると、頼み事の成功率に大きな差が生じたのです。

①の類似グループでは、77％の人が相手の頼み事を聞き、行動を起こしました。これが②のニュートラルグループでは60％、③の非類似グループでは43％まで下がったのです。

「好きな形容詞」が似ているというのは、ほんの些細な類似点であり、共通点にすぎません。それでも「自分たちはあんまり似てないな」と思っているグループと、「私たちは何か似ているところがあるな」と感じているグループでは、相手の頼み事を聞く確率が2倍近く上がるというのは、驚きの数字です。

人は自分と似た部分のある人には好意的になり、影響力を受けやすく、手を差し伸べたい、助けたいと思い、行動を起こすのです。

たとえば、アメリカの大統領選挙では候補者たちがわざわざ記者団を引き連れ、マクド

共通点があるだけで、
人は頼みを聞きやすくなる

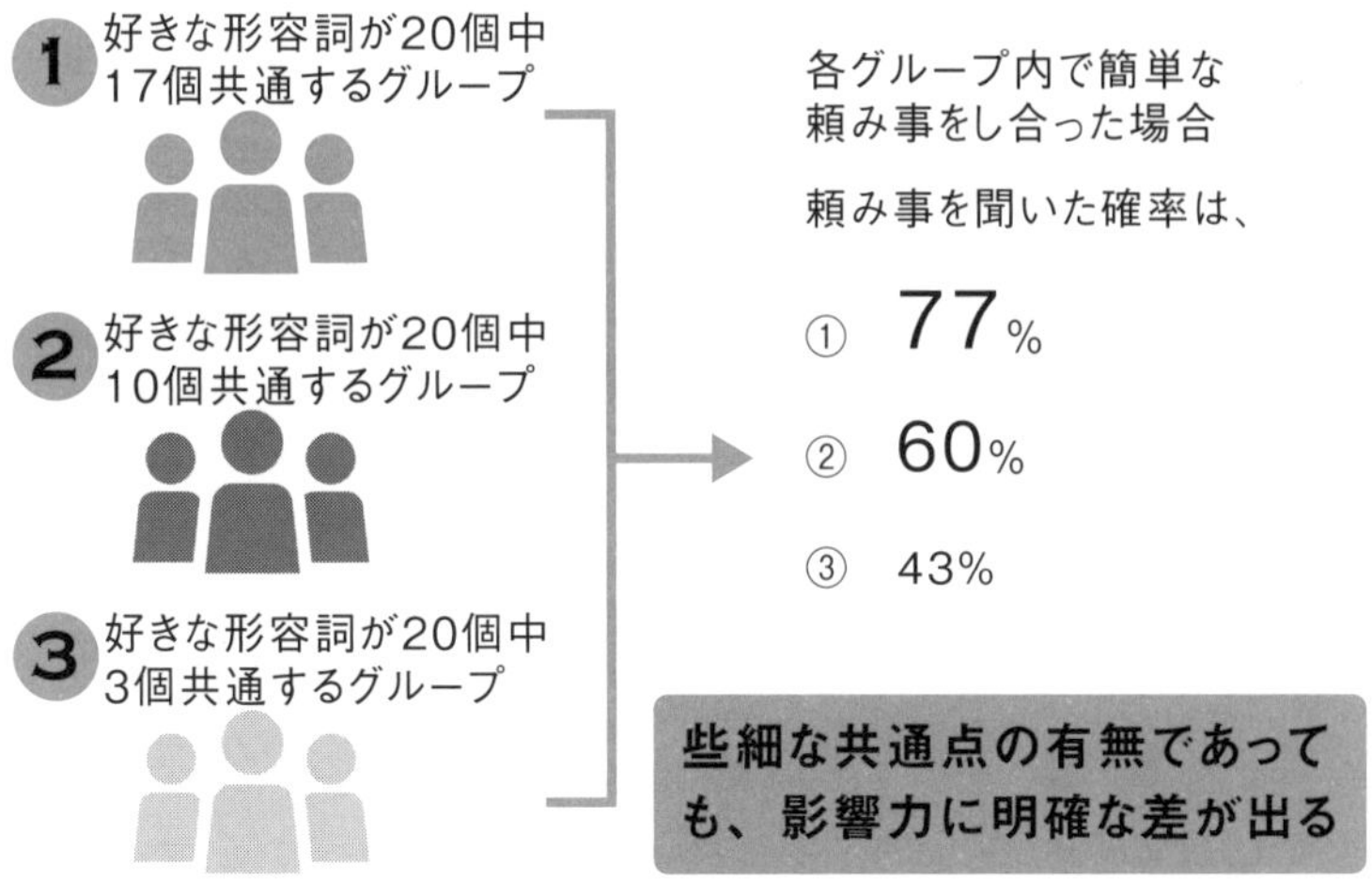
1 好きな形容詞が20個中17個共通するグループ
2 好きな形容詞が20個中10個共通するグループ
3 好きな形容詞が20個中3個共通するグループ
各グループ内で簡単な頼み事をし合った場合
頼み事を聞いた確率は、
① 77%
② 60%
③ 43%
些細な共通点の有無であっても、影響力に明確な差が出る

ナルドでハンバーガーを食べたり、支持者の赤ん坊を抱っこしたり、野球帽を被って地元チームの応援に行ったりするシーンを演出します。

これも類似と共通点の強調です。

裏読みをするタイプの有権者には通じませんが、メディアを通して映像を目にした人たちのいくらかが「オレと同じマクドナルド好きだなんて庶民派だな」「孫世代の子どもをかわいがる気持ちは私と同じ」「野球好きなのか。親近感湧くな」と、「あの候補は身近な存在だ」と感じてくれたら御《おん》の字。

類似点、共通点を感じた有権者は、その候補者が政策の話をするときも積極的に耳を傾けるようになり、仮にスキャンダルが出ても好意的に解釈しようとしてくれます。

あなたが選挙に出ることはないかもしれませんが、周囲の人に対して影響力を発揮したいと考えているなら、類似と共通点の強調を日々のコミュニケーションに取り入れていきましょう。

特に**「シュムージング」と「ストレングス」を行なったあとであれば、その効果は絶大。**確実に相手の信用を得ることができます。

○人は、頼み事をしてきた相手のことを好きになる

ちなみに、「類似と共通点の強調」は会話の冒頭で行なうように心がけてください。

「私たちって趣味が合いますね」「僕らは価値観のこういうところが共通しているね」「あなたとは育った環境が似ているよね」といった会話は、一般的にはある程度、仲がよくなってから交わされます。

もちろん、気の合う人同士がさらに親近感を抱くという意味では大切なやりとりです。

しかし、影響力のある人を目指すのであれば話は変わってきます。

こうした**類似点や共通点を確認し合う会話はできるだけ早めに交わしましょう。**仲がよくなってからでは遅すぎます。時間がもったいない。

「シュムージング」で距離感を縮め、「ストレングス」で相手のよいところを指摘したら、その過程で感じ取った自分との類似点や共通点を伝えます。

それだけ相手はあなたへの好意を膨《ふく》らませ、話に耳を傾け、頼み事も受け入れてくれやすくなるのです。

しかも、**人間には頼み事をしてきた相手のことを好きになる心理があります。**これは人が「自分が親切な行動を取るのは、相手のことが好きだからだ」と認識するから。

つまり、「類似と共通点の強調」で準備を整え、頼み事をして力を貸してもらうと、相手は手助けしてあげたあなたのことをますます信用するようになるのです。上手に人に助けてもらえる人は成功者になります。

この仕組みを日常生活の中でうまく使っていくなら、こんな組み合わせがいいでしょう。

「類似と共通点の強調」で相手との距離を縮めたら、「今、○○について困っているので、アドバイスをいただけないですか？」と助言を求めるのです。

これは**「アドバイス・シーキング」**と呼ばれる心理テクニックで、セールスパーソンが商談時に顧客に対してアドバイスを求める会話を加えるだけで、ある商品の成約率が8％

から42%に上昇したというデータもあります。

背景にあるのは、ここでも「自分が親切な行動（＝アドバイス）をしたのは、相手のことが好きだからだ」という心の動きです。

「類似と共通点の強調」で相手があなたの影響を受けやすい下地を作り、「アドバイス・シーキング」でアドバイスをもらい、こちらをさらに好きにさせます。そしてそのうえで、**あなたが相手にしてもらいたい「頼み事」をするのが、最強コンボ。**相手は知らず知らずのうちにあなたを信用し、強い影響を受けるようになります。

影響力のある人が周囲の人たちに好かれ、頼られるのは、影響を与えるごとに好感度が上がっていく仕組みを知っているからです。

ポイント

自己開示を含む雑談で距離を縮め、相手のよい点を指摘し、互いの類似を意識させると、「信用」が築かれる。

聞き手に「関係性」を感じさせるトリック

人の心を動かす最もシンプルな方法は、対象者に「自分が求めているもの」に気づいてもらったうえで、それを手に入れる方法をその対象者に教えることです。

そこで、影響力のある人は、聞き手の心の中に強い欲求が生じるよう語りかけていきます。なぜなら、**「ほしい」「知りたい」「学びたい」「やってみたい」といった欲が芽生えたとき、人は行動を起こす生き物**だからです。

では、影響力のある人はどうやって聞き手に強い欲求を呼び起こすのでしょうか。

答えとなるキーワードは**「関係性」**です。彼らは**聞き手に「この話は自分と関係がある」と思わせ、支持を広げていきます。**

私は、メンタリストとして「関係性」について多くを学び、実践し、練習してきたので

「この話は自分と関係がある」と思ってもらうのが得意です。

たとえば、8万円近い値段のするステッパーという運動機器があります。本来、室内で足踏みやジョグをする目的で販売されているものです。さほど多くの人が必要としているアイテムではありませんし、もっと安価な商品もあるので年間に何百台と売れるものではないそうです。

ところが、私が動画配信のついでにこのステッパーを紹介したところ600人以上の視聴者が購入してくれました。

その秘訣はこれから解説していく**「関係性の強調」**にあります。

私はステッパーを運動機器としてだけではなく、使うと血流がよくなって脳の機能を向上させてくれることを解説。自宅仕事や読書のときに集中力を高める効果のあるアイテムとして紹介しました。

その結果、本来の使い道の場合にはステッパーを欲していなかった視聴者にも、「自分に関係がある商品」「購入したら役立つかも」と関心を持ってもらうことに成功したわけです。

「関係性の強調」で
あなたの影響力は増大する

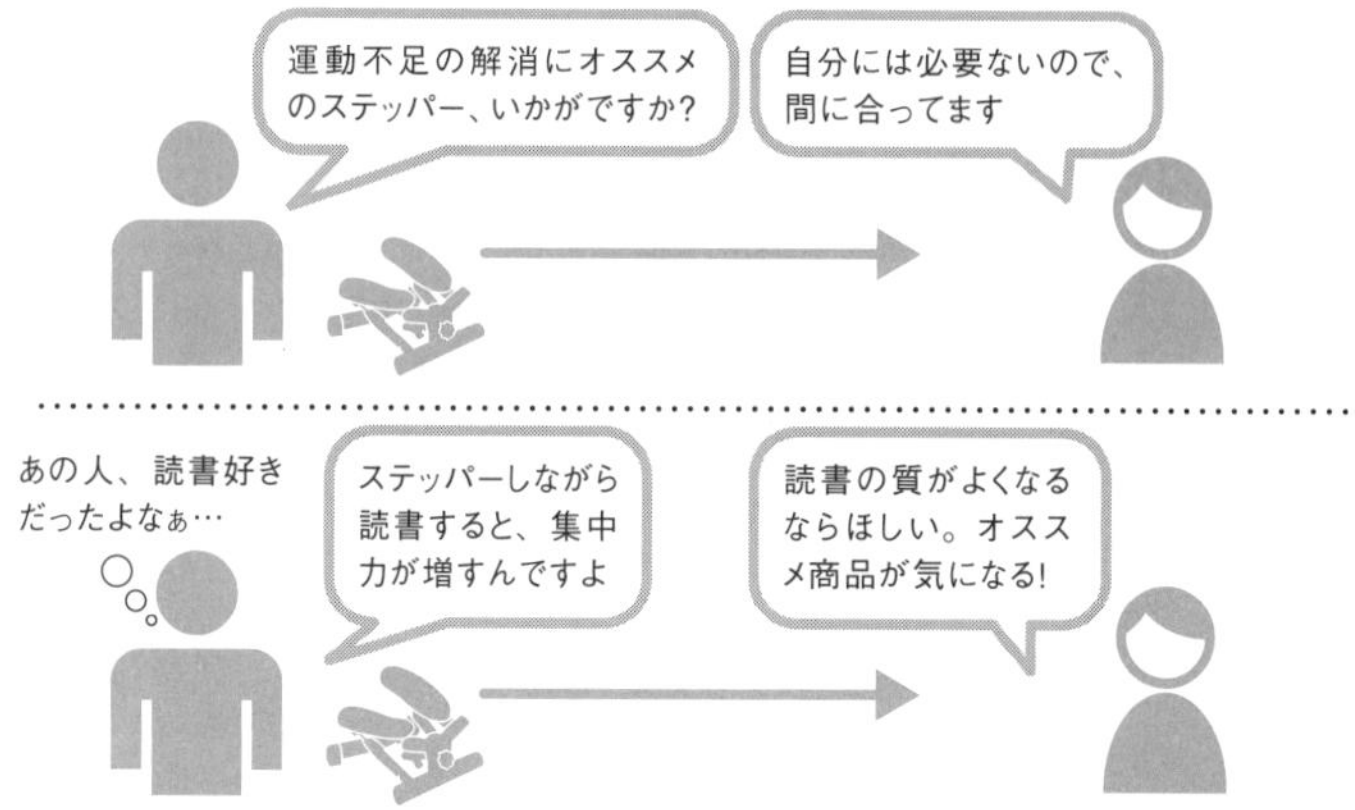

運動不足の解消にオススメのステッパー、いかがですか?
自分には必要ないので、間に合ってます
あの人、読書好きだったよなぁ…
ステッパーしながら読書すると、集中力が増すんですよ
読書の質がよくなるならほしい。オススメ商品が気になる!

相手との「関係性」を作ってから示すと、説得されやすくなる

これは一例にすぎませんが、周囲の人に影響力を発揮し、相手を動かしたいと思うなら、自分が何を話したいか、どう見せたいかを考える前に想像力を働かせましょう。「どうすれば、そうしたくなる気持ちを相手に起こさせることができるだろう?」と。

あなたの言葉で相手を説得し、動かすには前提として**聞き手に「これは自分に関係している話だ」と思ってもらう**必要があります。

ところが、多くの人は誰かに話をするとき、自分の言いたいこと、主張したいこと、伝えたいことから話してしまうのです。

熱意があればあるほど、その傾向は強くなります。

しかし、聞き手からすると自分との関係性が見えない話をいくら熱心に投げかけられても、苦痛でしかありません。実際、脳の仕組みも興味関心のない話題は長期記憶に残さないようにできています。

ですから、あなたがいくら熱く語っても聞き手と話の内容の間に関係性が築かれていなければ、空回りで終わってしまうのです。あなたが正しいと信じる価値観を押しつけても、影響力は働きません。

相手のニーズに合わせるだけでは主導権が得られない

ただし、ここで勘違いしてしまいがちなことがあります。

それは「相手のニーズに合わせ、相手の欲しているものを差し出すことが影響力を発揮する近道だ」という考えです。

たしかに、聞き手のニーズを聞き出し、それに合う話をすれば関心は得られるでしょう。

しかし、そこで話す内容はあなたが伝えたいメッセージでしょうか？　相手のニーズに合わせた会話の流れから、説得力を発揮することができるでしょうか？

ニーズを探し、相手にただ迎合してしまうと、聞き手のほしいものしか与えられなくなります。そもそも影響力を発揮する目的は、相手を説得し、あなたの望む行動をするよう促すためなのですから、いつも相手のニーズを満たす、いい人になっていては意味がないのです。

では、相手のニーズに合わせるのではなく、相手を自分の望む方向に動かしたい場合、どうすればいいのか。

そのためには、主導権はあなたが握ったうえで、**あなたが与えたい影響を、相手が自ら必要だと思うようにラベリングすることが重要**なのです。

たとえば、ある勉強法を広め、生徒を増やし、著作を多くの人に買ってもらいたいと思うなら、最適な表現の方法は「私がオススメするこの方法には、こんなすばらしい効果があります！」ではありません。

「あなたは勉強中、集中が続かなくて悩んでいませんか？　ある方法を試すと、すばらしい効果が出ることが心理学の研究で明らかになっています」と切り出しましょう。

アピールしたい内容の軸はブレていません。ただ、**関係性を強調するフレーズを加え、表現の仕方をアレンジしただけで、聞き手が受ける印象は大きく変わる**のです。

「関係性の強調」の得手不得手が影響力のあるなしを左右する

影響力のある人が心得ているコツは、この「関係性の強調」です。

私はプロローグで、大衆扇動の手法がこの本で紹介する内容の核となっていると書きました。本来、「大衆扇動」という言葉を目にしたとき、ほとんどの人は自分とは関係がないと感じます。

「政治家になるわけでもないし」「なんか怖そう」「役立つとしたらYouTuberとか？」と。

素直に関心を持ってくれるのは、集団心理や陰謀論などに興味を持つコアな人たちか、多くの人を操って何かを成し遂げようという野心を秘めた人くらいでしょう。

でも現にあなたは、1章の半ばすぎまで読み進めてくれています。

それは私が、プロローグで次のような例を挙げたことと関係しています。

- ベストな解決策が見つかったのに、意固地な上司が認めない
- 日々のがんばりを夫（妻）が理解してくれない
- 要領のいい同僚が褒められ、縁の下の力持ち的な働きをしても評価されない
- 好みと気分で言うことの変わる恋人に振り回されている
- 好みと気分で言うことの変わる取引先のキーパーソンに悩まされている
- 親に強く否定されて以来、常に周囲の人の顔色を窺うようになってしまい苦しい
- いつも人の意見に流されてしまう自分にイライラする
- 本当はコミュニティを引っ張る存在になりたいのに、自分を変えられない

こうした実際の不満を提示しながら、それを解決する鍵が本書にあると述べたことで、「超影響力」は自分に必要なスキルだと感じてもらえるように、**「関係性の強調」を行なっていた**のです。

このように、大衆扇動の研究を通じて効果が立証されている手法は、聞き手に影響力を

与え、説得する力があります。

聞き手が1人でも数人でも何十人規模になっても、大衆扇動の手法を学び、応用すればあなたは影響力と説得力を発揮できるようになるのです。

そう理解すると、「大衆扇動」とあなたの間に関係性が生まれます。

- 自分にも関係があるかも
- 人付き合いに、仕事に、必要な知識かも
- 学べば使えるようになって、悩んでいる問題が解決するかも

こんなふうに、聞き手の中で関係性への気づきがあると、話し手がするトークに興味を持ち、耳を傾け、影響を受け始めます。それはまさに今、ここまで本書を読んでくれているあなたの中で起きた変化と同じです。

自分と関係があるから知りたくなり、人は知りたくなると行動するのです。

この原則が腹落ちしたら、あなたが誰かに影響力を発揮したいと思ったとき、どうすると効果的なのかもわかるはずです。

誰かに何かを伝えるとき、自分の正しさをアピールしたり、相手の間違いを指摘したり

する必要はありません。**「これから話すことは、あなたと関係していて、こう役立ちます」と伝える**こと。

「関係性の強調」こそ、超影響力を支える要《かなめ》なのです。

ポイント

ニーズに合わせると、相手のほしいものを差し出すだけ。
相手の関心に沿いつつ「自分に関係ある」と思わせると、
あなたのしてほしいことを、相手からしてもらえる。

誰でも「関係性の強調」が身につく3つの印象テクニック

では、ここからスムーズに「関係性の強調」を行なうための3つの印象テクニックを紹介していきます。

1つ目と2つ目のテクニックは「社会的証明」を活用することが共通しています。

私たちは根源的に「周りの人と同じことがしたい」という欲求を持っています。さまざまな社会心理学の研究で実証されていますが、人は未知の状況に陥ったとき、周囲の人を観察し、同じ行動を取ろうとします。

これは人間が太古の時代から生き残るために集団や社会の中で生活してきた結果です。集団の大多数が取る行動を真似し、従うことが生存に有利に働くことを本能的に理解しているので、複雑化した現代でも私たちは多くの人がやっていることに影響を受けます。

たとえば、災害時に危ないと知っていても階段にわっと人が押し寄せて将棋倒しになってしまうのも、新型コロナウイルスの流行時に因果関係はないのにトイレットペーパーが品薄になったのも、パンケーキやタピオカの店に大行列ができたのも、バラエティ番組でインサートされる笑い声を聞いて楽しい気分になってしまうのも、「社会的証明」によるものです。

- 多くの人がやっているから、自分も同じことをしたい
- 多くの人がやっているから、正しいことに違いない
- 多くの人がやっているから、真似しないと損をするかもしれない

このように、「社会的証明」の力は強く、私のような変わったタイプの人間でも、知らない分野の商品を選ぼうとすると「人気商品」に目がいき、初めての場所を旅行するときは「定番スポット」に乗っかってみようかと考えてしまいます。

これは**自分が選択しようとしているものが、多くの人から認められ、支持されているかを知ることで安心感が得られる**からです。

安心は行動を促します。たとえば、たくさんの好意的な口コミの集まった商品は「社会的証明」の力を借りることができ、その後も長く売れ続けることになるわけです。

こうした心理は「関係性の強調」に応用することができます。

印象テクニック

1 ……「この意見の支持率は高い」と知らせる

○人は「みんながやっていること」の影響力から逃れられない

では、この「社会的証明」の最もシンプルな使い方は何かというと、**「この意見の支持率は高い」と知らせること**です。

たとえば、新人研修の場で参加者の関心を集めたいとき……。

「ある人材業界の大手企業の調査によると、『今までの職場で人間関係に難しさを感じたことがある？』という問いに『ある』と答えた人は実に84％にのぼりました。なぜ悩んでしまうのか。どうしたら悩みが解決するか。今日はそんな話をしたいと思います」

たとえば、パートナーに禁煙を始めてほしいと説得したいとき……。

「愛煙家の人ほど、禁煙に成功すると精神的な幸福度が高まるんだって。健康診断の結果で要再検査と出ていたよね。心配だから禁煙にチャンレジしてみてほしい。最終的にどうするかはあなたに任せるけど」

たとえば、取引先のキーパーソンの気持ちを商談に前向きに導きたいとき……。

「○○という商品がSNSで10代、20代の間で猛烈にバズったのをご存じですよね？　実はあれから意外な変化が起きていて、親世代の40代、50代の間でも○○の認知度が上がっているんです。そこで、40代、50代の顧客の多い御社から○○をミドルエイジ向けにアレンジした商品を出しては……と考え、企画案をお持ちしました」

今も昔も「ベスト3」や「ベスト10」を紹介するコンテンツが新聞、雑誌、テレビ、

「社会的証明」で
相手の意見は動きやすくなる

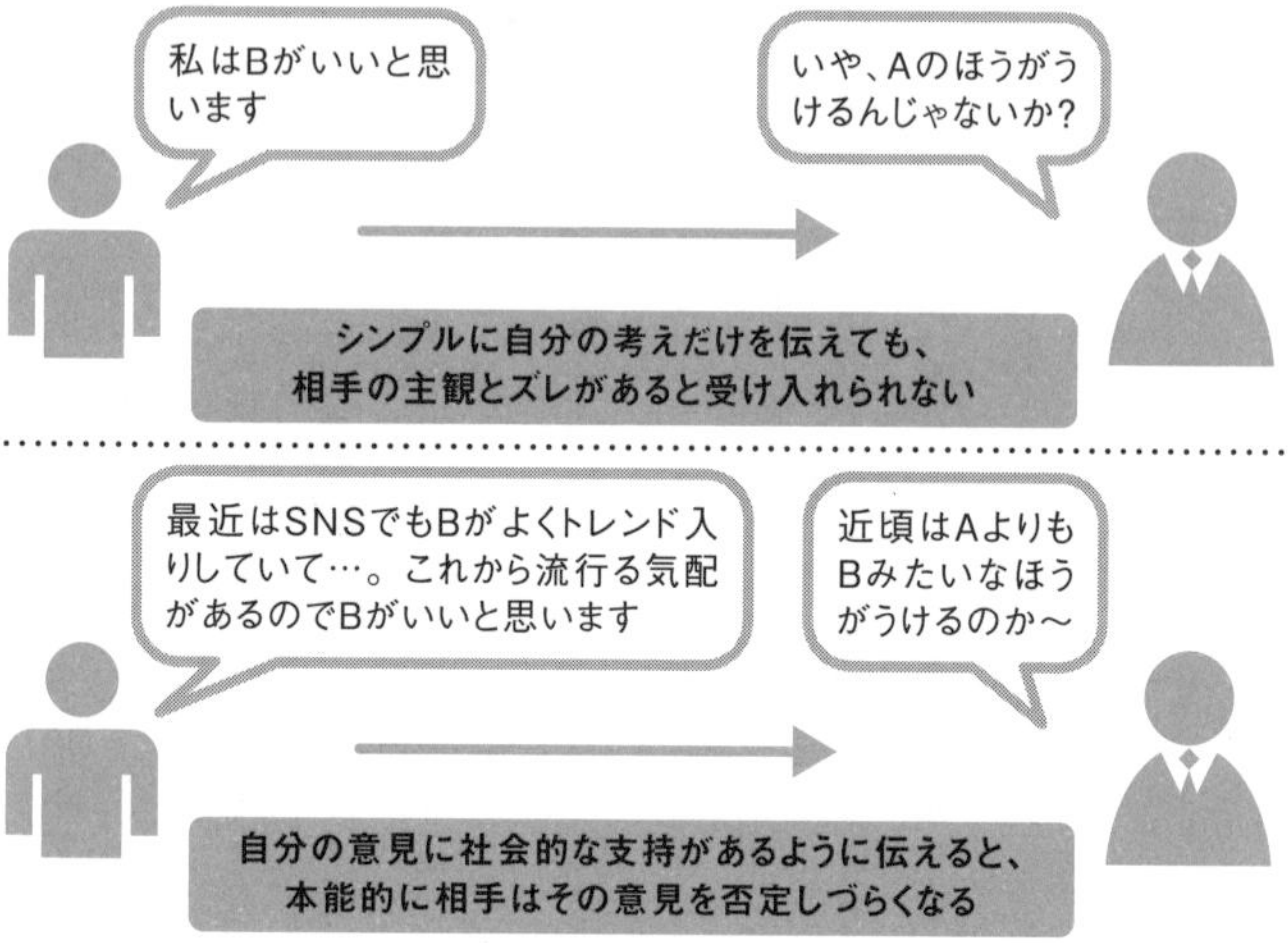
私はBがいいと思います
いや、Aのほうがうけるんじゃないか？
シンプルに自分の考えだけを伝えても、相手の主観とズレがあると受け入れられない
最近はSNSでもBがよくトレンド入りしていて…。これから流行る気配があるのでBがいいと思います
近頃はAよりもBみたいなほうがうけるのか～
自分の意見に社会的な支持があるように伝えると、本能的に相手はその意見を否定しづらくなる

Webと形を変えながらもずっと生き残っているのは、時代は変わってもたくさんの人の支持を集める作品、商品、出来事への関心度が高いからです。

人は人気のあるものに興味を持ち、自分の趣味趣向、考え方、購買行動と関係があるかどうかを確かめようとします。そして、**ある意見の支持率が高いと知ったあとは、合わせたほうがいいかなと考え始める**のです。これは合わせたほうが安全、安心ではないかという心理が働くから。

また、自分の趣味趣向、考え方、購買行動が支持率の高い意見と一致しているとわかると、それが心の支えとなって行動を起こしやすい状態になります。

つまり、**あなたが話し手として「今から**

話す内容はすでに多数から支持されている」とアピールすることは、そのまま聞き手にとって「関係性の強調」になるのです。

○ 相手が反論してきたときこそ、関係性を強調するチャンス

仮にその話の内容が聞き手にとって受け入れがたいものだったとしても、「反論したい対象」という関係性が生じます。そのうえで、**もし相手が反論をぶつけてきたら、それこそ影響力を駆使する大きなチャンス**です。

ただし、「いや、それは間違っている」「私はこう思う」「みんなが支持しているのには理由があります」と正面から議論してしまうのは、NGです。

相手が「A」という意見を言い、「いやいや違う『B』が正しい」とやり始めたところで議論に決着はつかず、どちらか一方が言い負かす形になったとしたら互いの心理的距離は離れていくばかり。影響力を及ぼせる関係性ではなくなってしまいます。

そうではなく、反論はそのまま受け止めましょう。

「なるほど、あなたの意見は『A』なんですね。たしかに、『A』を支持する声は私も聞いています。○○では『A』が人気で、『A』がビジネスを成功に導

いた、とも。

一方で、『B』のよさを語る人にも何人も会いました。あなたは『B』の話を聞いたことがありますか？　××では『B』が人気で、『B』がビジネスを成功に導いた要因だそうですよ」

ポイントは自分の意見として「B」を押し出すのではなく、「B」を支持している人がいると伝えること。そのうえで、「どう思いますか？」と問いかければ、相手は「A」と「B」を比較し、検討してくれます。

まさに「社会的証明」を使うことで、あなたの望む方向へ相手の思考が向かうよう影響力を及ぼすことができるわけです。

ここでもし、「いや違います。私はこう思います。なぜなら、『Bが優れている』という○×の声や×○のデータがあるからです」とやってしまったら、相手は反発を覚えます。それはそれで思考に影響を与えたことになりますが、反発され、対決してしまっては望む方向へ相手を動かすことができず、失敗です。

まずは相手の意見を認めること。そのうえで、「『A』を支持する人がたくさんいるように、『B』が大事だと考えている人も多くいるようです。あなたは、『B』とそれを支持する人たちについてどう思いますか?」と伝えてみましょう。
あなたの意図だと気づかせることなく相手を説得し、動かすのが超影響力です。

印象テクニック

2 ……「みんなと少し違う要素」をプラスする

○ 人はみんなと同じでいたいけれど、少しだけ優れていたい

この「社会的証明」に「みんなと少し違う要素」をプラスすることでも「関係性の強調」を行なうことができます。

「多くの人が支持している」「歴史が証明している」「科学者が実験で明らかにしている」「著名人がオススメしている」など、「この意見の支持率は高い」と伝えることは、聞き手に安心感を与え、一歩踏み出す感情を持たせます。

ここで**相手の行動を促すもうひと押しの「関係性の強調」となるのが、2つ目のテクニック「みんなと少し違う要素」**です。

たとえば、スニーカーを買いにお店へ行き、スタッフから「これが今、一番人気の商品です」と勧められたとしましょう。あなたは「悪くないデザインだし、価格も手頃だし。でもなぁ……」と感じました。そのスニーカーに興味は持ちつつも、なんとなく買う決断まではいっていない状態です。

ここで立場を入れ替え、あなたがお店のスタッフだとしたら、どう「もうひと押し」を加えるでしょうか。興味を持ちながらも悩むお客さんを動かすには、「みんなと少し違う要素」を投げかけるのが効果的です。

「一番人気の商品のデザインが異なるバージョンもあるので、お出ししますね。ソール部分にアクセントカラーが使われていて、サイドから見たときの印象が変わります」

「機能性で言うと、一番人気の商品のバージョン違いになる、こちらのスニーカーもオススメです。とにかく履いているのを感じさせない軽さで、私も一足愛用しています」

こんなふうに、プラスαの要素を提案します。

すると、高い支持という安心感によって関係性が生まれていたスニーカーに、「みんなと少し違う要素」が加わり、購買欲が高まるのです。

これは私たちの中にある優越欲求が働くから。**人間は「みんなと同じでいたい、安心したい」と考える一方で、「みんなより優れていたい」とも欲するのです。**

有名ブランドのダブルネーム商品や期間限定商品、生産数を限定した商品に人気が集まるのは、まさにこの欲求を刺激するから。みんなから支持されている有名ブランドでありながら、でも、みんなが持っている商品とは少し違うからこそ、新たな価値が生じるわけです。


この心理は商品に限らず、学生時代には「クラスで一番になりたい」、社会人になってからも「同期の中で抜きん出た存在でいたい」といった形で人を動かします。

みんなと同じで安心していたいけど、特別な部分も持っていたい。人の悲しい性《さが》を刺激すると、「関係性の強調」が進んでいくわけです。

ですから、**1つ目のテクニック「この意見の支持率は高い」と2つ目の「少しみんなと違う要素」は連動させて使うことをオススメします。**

強力な力を持つ「社会的証明」で安心感を持たせたうえで、聞き手をあなたの誘導した

「社会的証明」を含みつつ、少しずらしてみよう

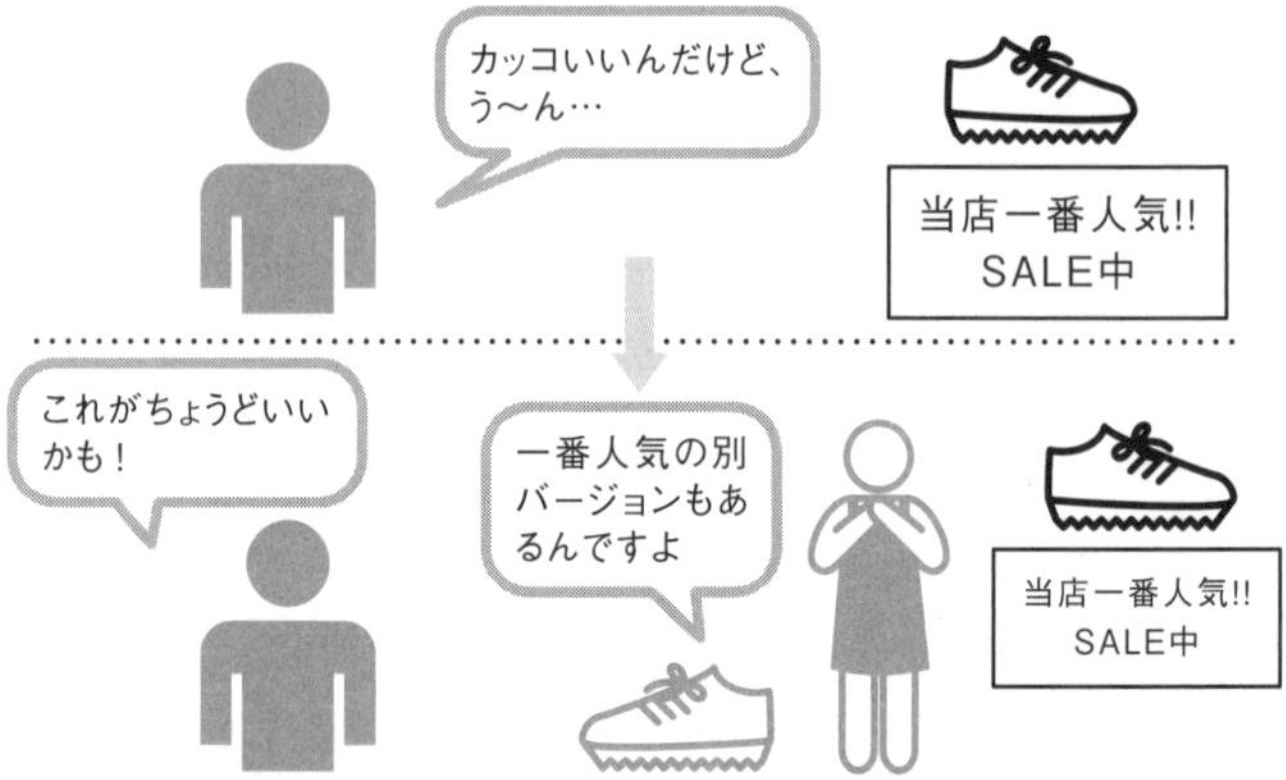
カッコいいんだけど、う〜ん…
当店一番人気!! SALE中
これがちょうどいいかも！
一番人気の別バージョンもあるんですよ
当店一番人気!! SALE中

人は、王道を押さえたうえで、少しオリジナリティを出されると弱い

い方向に動かすトリガーとして「みんなと少し違う要素」を提示する。すると相手は「この意見の支持率は高い」の効果で安心しているからこそ、オリジナリティのある話も「自分に関係があるはず」と耳を傾けてくれます。

つまり、「この意見の支持率は高い（みんながしている）」というメッセージが聞き手の興味を引いて安心感を作り出し、さらに優越欲求をくすぐる「みんなと少し違う要素」が行動を促す後押しとなるわけです。

影響力の高い人たちは、この仕組みを理解して意図的に使っています。

3 ゴールを掲げる

○ゴールを見せると人は安心して行動し始める

「関係性の強調」を実現する3つ目のテクニックは、**「ゴールを掲げる」**です。

人は、仕事の成果基準が不明確な職場で働くとき、幸福度が下がります。また、将来のことを話し合わないままの恋愛や同棲《どうせい》生活は、どこかで一緒にいる意味を見失います。

一方、たとえ行き先のわからない旅であっても、ミステリーツアーというテーマが掲げられていると、不安だけでなくワクワクした気持ちも湧いてきます。

人は生活のどんな場面でも一定のゴールが見えているほうが、やるべきことが明確になり、安心して行動を起こせるのです。

「この意見の支持率は高い」と「みんなと少し違う要素」に加え、聞き手に対して「ゴールを掲げる」と、話し手は影響力を高めることができます。なぜなら、ゴールが見えることによって話の内容と聞き手の関係性がさらに強調されるからです。

ただし、**この仕組みをうまく機能させるには、ゴールが聞き手にとって魅力的なものである必要があります。**では、どんなゴールを掲げると、関係性が強調され、行動を後押しするのでしょうか。

アリゾナ州立大学のノア・J・ゴールドスタイン博士が提唱する**「ユニバーサルゴール」**という考えが参考になります。これはゴールドスタイン博士が「社会的影響力」に関する200以上の文献をレビューし、分析したものです。

聞き手が自ら動き出す3つのゴール設定

「ユニバーサルゴール」には、聞き手に影響を与える原動力が異なる3種類のゴールがあります。関係性を強調するための使い方を説明する前に、3つのゴールについて簡単に紹介します。

ゴール設定1 アフィリエーションゴール

「アフィリエーションゴール」のアフィリエーションは、**「所属」**という意味で捉えてください。

人は自分の行動や思考や信念が、その他の多くの人と一致していたいと願います。**どんなに独自性を貫こうとしている人でも、心のどこかで社会の一員として誰かと同じ行動、思考、信念を共有していたいという欲求を持っている**のです。

たとえば、ピコ太郎さんの「PPAP」は世界的な流行になりました。その発端はジャスティン・ビーバーさんが彼のフォロワーに「おもしろい」と紹介したからです。その結果、「ジャスティン・ビーバーがおもしろいって言っているものをおもしろいと思いたい」という人たちが動き、ピコ太郎さんの「PPAP」は爆発的に拡散していきました。

この拡散を支えた多くの人の原動力となったのが、アフィリエーションゴールです。好きな著名人のコミュニティに所属していたい、という思いが彼らの行動を促しました。

そして、**この力を利用できるのは著名人だけではありません。**

「時間の余裕を第一に考える価値観を追求してみませんか?」
「新しい仕事の仕方を取り入れて、効率を上げていきたくはないですか?」
「まずは稼ぐ力を磨くこと。そこに1つの正義があると思いませんか?」

たとえばこんなふうに、**多くの人が心惹かれるアフィリエーションゴールを設定して語**

りかけることで、あなたも「所属したい」と望む人を集め、身近なコミュニティに影響力を発揮できるようになります。

人は誰かと同じ行動、思考、信念を持っていたいと願うからです。

ゴール設定2　アキュラシーゴール

「アキュラシーゴール」のアキュラシーは、**「正確性」**です。

人は「自分が正しく行動している」「多くの人が賛同する目標に向かっている」「計画通りに進んでいる」など、**自分の行動に正確性を求めます。**

ネットの世界で「正論」がバズりやすいのも正しい物事の見方、間違った出来事を正す言葉を直感的に支持してしまう人が多いからです。

アキュラシーゴールには、そうした「正しさへの欲求」を満たすゴールを示します。

「あなたの100円の寄付で、5人の命を救うことができます」
「高齢者による不幸な事故を減らすため、積極的な免許返納を」
「チケットからマスクまで、利ざやを稼ぐ転売ヤーを締め出そう」

このように、多くの人が「その通り！」と思うゴールを設定することで、聞き手の心にある種の爽快感が生じます。そして、その聞き手が「アキュラシーゴールに向かって行動するのは多くの人の支持を得られることだ」と理解することで、行動力が高まるのです。

このアキュラシーゴールを巧みに使っているのが、選挙戦における政治家です。

わかりやすいのはアメリカの大統領選挙。ドナルド・トランプ前大統領は2016年の大統領選挙で「Make America Great Again.」というメッセージを発し、多くの支持者を集めました。「アメリカはグレートであるべき」「グレートなアメリカを復活させる」と。

支持者にとって自分の国がグレートになるのはすばらしいことで、そのために選挙活動に加わるのは正しい行動だと感じられるわけです。

ちなみに、トランプさんの1代前のバラク・オバマ元大統領のキーフレーズは「Yes We Can.」でした。**正しさを感じさせるキャッチコピーはアキュラシーゴールとして機能して、大きなうねりを生み出す**のです。

ゴール設定3　ポジティブセルフコンセプトゴール

「ポジティブセルフコンセプトゴール」のポジティブセルフコンセプトとは、**「一貫性を保ちた**

いという欲求」です。

これは「一貫性の原理」と呼ばれる心理で、人は自分が選んだもの、やると決めたもの、おもしろいと感じたものなどの価値を重視します。なぜなら、自分の判断は正しかった、賢く選んだ、やる意味があったと信じたいから。**下した決断を将来に向けて一貫していきたいと考える**のです。

こうした心理を実証した有名な実験があります。

実験では研究チームのメンバーが交通安全ボランティアと称して一般家庭を訪問。「お宅のお庭に交通安全のメッセージが書かれた立て看板を設置させてください」と依頼をします。しかし、看板は庭の景観が損なわれるほどの大きさで、デザインはいまいち。庭に立てたいと思える代物《しろもの》ではありません。当然、最初に「看板を設置させてください」と言って回った時点での承諾率はわずか17%でした。

続いて研究チームのメンバーは、「一貫性の原理」に沿った提案を行ないます。「交通安全ボランティアに協力していただけるご家庭を探しています。このシールをお家のどこかに貼っていただけませんか？」と、交通安全の標語が書かれた小さなステッカーを配って回ったのです。

「一貫性」を保ちたい心理をつくと承諾率は上がる

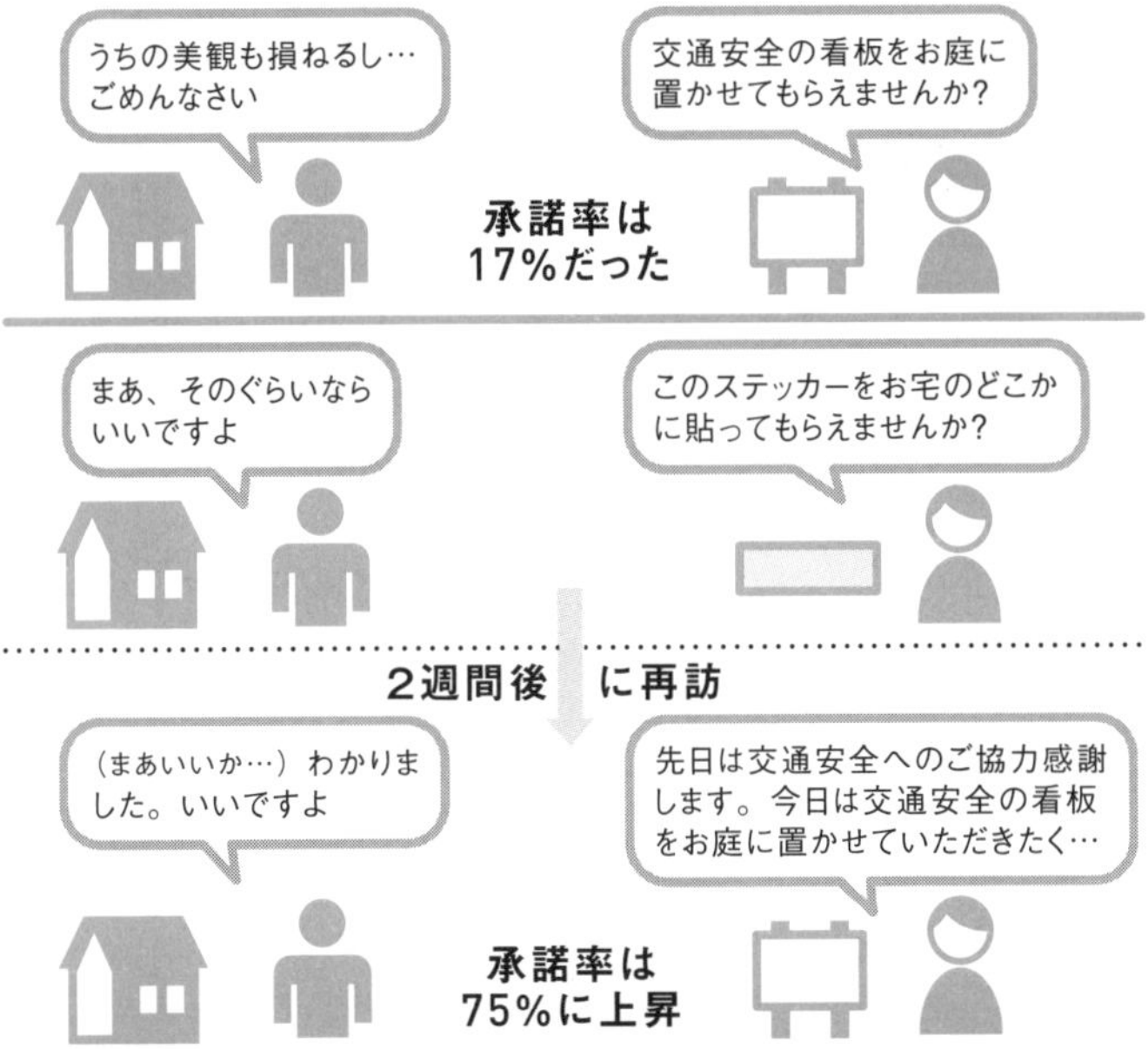
うちの美観も損ねるし…ごめんなさい
交通安全の看板をお庭に置かせてもらえませんか？
承諾率は17%だった
まあ、そのぐらいならいいですよ
このステッカーをお宅のどこかに貼ってもらえませんか？
2週間後に再訪
（まあいいか…）わかりました。いいですよ
先日は交通安全へのご協力感謝します。今日は交通安全の看板をお庭に置かせていただきたく…
承諾率は75%に上昇

いきなり難しいお願いをするより、同系統の小さなお願いで承諾を得てから難しいお願いをするほうが、心理的に聞き入れられやすくなる

そしてその2週間後、ステッカーを受け取ってくれた家庭を再訪し、「お宅のお庭に交通安全のメッセージが書かれた立て看板を設置させてください」と頼むと、承諾率は75%にまで跳ね上がりました。

これはまさにポジティブセルフコンセプトが働いたからです。

小さなステッカーを受け取り、交通安全への賛同を示した人は自分の選択や意志の一貫性を守る

ため、大きくてダサい看板を設置するのも受け入れてしまうわけです。

実は「この意見の支持率は高い」と「みんなと少し違う要素」によって関係性を強調し、聞き手が何らかの行動を起こした場合、すでにその時点でポジティブセルフコンセプトゴールは機能し始めています。

あとは話し手であるあなたが聞き手に「一度決めたことをやり抜く気持ちはすばらしいですね」「信念を貫く姿勢は多くの人の信頼を集めるはずです」など、ポジティブセルフコンセプトを称賛する言葉を送りましょう。

それだけで聞き手は「改めて一貫性を保とう」と、強く影響を受けます。なぜなら、自分は筋の通った生き方をしている、と自信を深めていくからです。

ポイント……

「関係性の強調」をしたいときは、誰もが持つ「社会の一員としてみんなと同じ行動、思考、信念を共有していたい」という欲求をくすぐると効果大。

「信用」と「関係性」の土台を築き、次のステップへ

- 人は、同じ内容でも信用した相手の話に耳を傾ける
- 人は、同じ内容でも「自分と関係がある」と思った話にしか興味を持たない

1章では「影響力」の根底にある「信用」と「関係性」、2つの原則を取り上げて、いかに効率的に聞き手からの信用を得て、あなたが語る内容を「自分に関係がある」と感じてもらうか、について解説しました。

続く2章では1対1、1対多のどちらでも通じる聞き手の無意識を操る方法を、3章では相手の行動を促すためのテクニックを紹介していきます。

ただし、**2章以降の方法やテクニックが効果を発揮するのも、1章で紹介した「信用」と「関係性」の土台があってこそのこと。**

まずは「『信用』を得るための3つのステップ」と「『関係性の強調』が身につく3つの印象テクニック」を参考に、聞き手とのコミュニケーションを変えてくことから始めていきましょう。

吸収した知識は実践することで初めて意味のあるものに変わっていきます。

人を動かす超影響力を身につけるには、小さな出来事であっても、あなたが人に影響を与える経験を積み重ねていくことが欠かせません。

得た知識を実践し、成功、失敗のどちらでも結果を得ること。それがあなたを信頼できる話し手へと育てていくのです。

2章

記憶に残し、無意識を操る5つのメソッド

「きちんと話せば人は動く」と信じていませんか？

説得力、影響力に関して多くの人が誤解していることがあります。

- 言葉を尽くして説明し、失礼のないように接したら相手もわかってくれる
- 論理的に話し、相手の質問に答えていけば、必ず納得してくれる
- よく理解していれば、わかりやすく説明できる

こうした例でよく見る、「きちんと話せば人は動く」という観念についてです。

たしかに、世の中は表面上、説明と納得でロジカルに動いているように見えます。

たとえば、後輩が仕事の書類作成でミスをしたとき、気づいたあなたがその場で指摘し、

わかりやすい説明でやり方を教えてあげれば、相手は納得して書き直してくれるでしょう。

あるいは、あなたが買った商品に初期不良があり、カスタマーサービスに連絡をすれば、返品交換や修理に応じてもらうことができます。

しかし、**こうした場面で「きちんと話せば人は動く」が機能するのは、仕事上のルール、商売上のルールがあってこそのこと。**

後輩もカスタマーサービスの担当者も「働く人」という役割を担っているから、きちんとした理由があれば、納得して動いてくれるのです。

ところが、一旦「公」の役割という着ぐるみを脱ぎ、より本音がぶつかり合う場面や利害関係が一致しない状況に置かれたら、人はきちんと話しただけでは、動いてくれません。

「説明」と「納得」よりも、「感情」と「思い込み」が優位に立つからです。

これは「信用」と「関係性」の土台を築いた相手が聞き手だったとしても変わりません。

では、人を動かしたいと望む話し手は、どうアプローチをしていけばいいのでしょうか?

2章では、「無意識を操る」をキーワードに1対1、1対多のどちらでも通じる聞き手への説得力、影響力を高める方法を解説していきます。

相手の判断が「感情」と「思い込み」に左右されるなら、一歩先周りして、聞き手が従う「感情」と「思い込み」をあなたの望む方向に塗り替えていけばいいのです。

人を動かすのがうまい人＝無意識を操る人

1対1でのフェイス・トゥ・フェイスのコミュニケーションでも、1対多のスピーチやプレゼンのようなシチュエーションでも、相手に説得力、影響力を発揮するために最も適した方法は、聞き手の無意識に働きかけることです。

- 「こうしてください。うまくいきます」
- 「このほうがいい結果が出ますよ」
- 「あなたのためを思ってやっているんです」
- 「では、そのわけを説明しましょう」

たとえ、あなたの意見が正しくてもこうしたストレートな物言いをされると、聞き手は「そうは言っても」「責任、持てるの？」「自分で決めたい」「上から目線だな」といった反発を覚えます。

ですから、説得し、影響力を及ぼすためには、聞き手本人に「私が決めた」「私が選んだ」「私がいいと思った」と感じてもらうこと。

つまり、**無意識に働きかけ、あなたの思う方向に行動を促しながら、聞き手本人は「自分が選択した」と納得している状態を作っていくこと**が大事なのです。

私たちの脳は、無意識レベルで行なった選択について「自己選択」したと記憶します。それが誰かの影響によるものだったとしても、選択の結果が残念なものだったとしても、「自分で決めたことだから」と納得するのです。

では、なぜそんな心理になるのでしょうか。

一例として、過去に著作や動画でも取り上げてきた、心理学的に最も効果の高い説得術の1つ**「BYAF法」**を改めて紹介します。

「BYAF」は「But You Are Free」の略で、日本語にすると、「〜ですが、あなたの自由です」となります。

アメリカの西イリノイ大学が、説得術に関する研究から質が高い42件をまとめ、およそ2万2000人のデータのメタ分析（科学論文の中で最も精度の高い研究方法）をした結果、**説得の効果を高める魔法の言葉として見出したのが、この「But You Are Free（～ですが、あなたの自由です）」**でした。

たとえば、こんなふうに使います。

レストランでメニューを決めるとき……。

「本日のオススメは、魚料理みたいだね。どれにしようか？」

恋人をデートに誘うとき……。

「明日、○○に行かない？　もちろん、自由に決めてくれていいけど」

オフィスで上司に企画提案するとき……。

「A案とB案、調査でB案の評判が上回っていましたが、課長はどう思われますか？」

西イリノイ大学の研究では、相手に説得したい内容を伝えたあと、最後の1行に「But You Are Free（～ですが、あなたの自由です）」のニュアンスを加えるだけで、**話し手の望む「イエス」が返ってくる確率が2倍になった**と報告されています。

ポイントは、**「最後に決めるのはあなたです」と相手の意思を尊重しつつ、こちらの要望も問いかけに含ませているところ**です。

日本語で使うときのフレーズは「But You Are Free（～ですが、あなたの自由です）」にこだわらず、「あなたにお任せします」「最後は好きなように決めてください」「どう思いますか？」など、決定権を相手に委ねる方向であれば問題ありません。

人には、自己選択の自由を尊重されると提示された選択肢を試してみたくなる性質が備わっています。

「〇〇をしてくれたらうれしいですけど、でも××もあります。どうぞ、あなたの自由に」と言われると、「〇〇」を実行する、しないにかかわらず、少なくとも一度は「〇〇をする自分」を想像してしまうのです。

こうして相手に想像させることが、その後の自己選択に大きな影響を与えます。

そして、本人が「自分で決めた」と信じていると、決定事項について「重要なことだ」と認識します。

「BYAF法」が強い説得効果を発揮するのは、相手の想像力を呼び起こし、無意識に働きかけ、本人に「自分で決めた」という感覚を強く残すからです。

2章でこれから紹介していくメソッドも「BYAF法」と同じ仕組みによって、聞き手を動かしていきます。

特に重要視しているのは、相手の無意識をあなたの話に向けさせること。

これがうまくいくと、聞き手は知らず知らずのうちに話し手のメッセージを「重要な選択肢だ」と感じ、自ら選択して決めたことだと認識して、行動した結果に価値を見出してくれるようになります。

「人にものを教えることはできない。自ら気づく手助けができるだけだ」
これは天文学の父と呼ばれるガリレオ・ガリレイが教え子たちに残した言葉ですが、人を動かすのがうまい人は、すなわち無意識を動かすのがうまい人なのです。

ポイント

無意識を操る＝相手に「自分で決めた」という納得感を持たせながら、あなたの望んだ動きをしてもらうこと。

メソッド

1

「スリーパー効果」で相手の無意識に入り込む

他人に影響を与える方法の研究で必ず登場する心理効果が、**「スリーパー効果」**です。

これは**インパクトの強い話、記憶に残ったエピソードが相手の心に残り、無意識のうちに話し手の望む方向への行動を促す**というものです。

たとえば、学生時代の同級生から久しぶりに連絡がきて、「投資した額が3倍になる」という儲《もう》かる投資話を聞かされたとしましょう。

聞いたその日は「そんなうまい話あるわけないでしょ」と思い、適当に話を切り上げたものの、「3倍」のインパクトは頭に残ります。

その後、しばらくして「ボーナスが思ったよりも少なかった」「子どもが私立の学校に通うことになった」など、お金が必要な状況になったとき、「同級生から聞いた投資話」

じわじわ効果を現わす「スリーパー効果」とは?

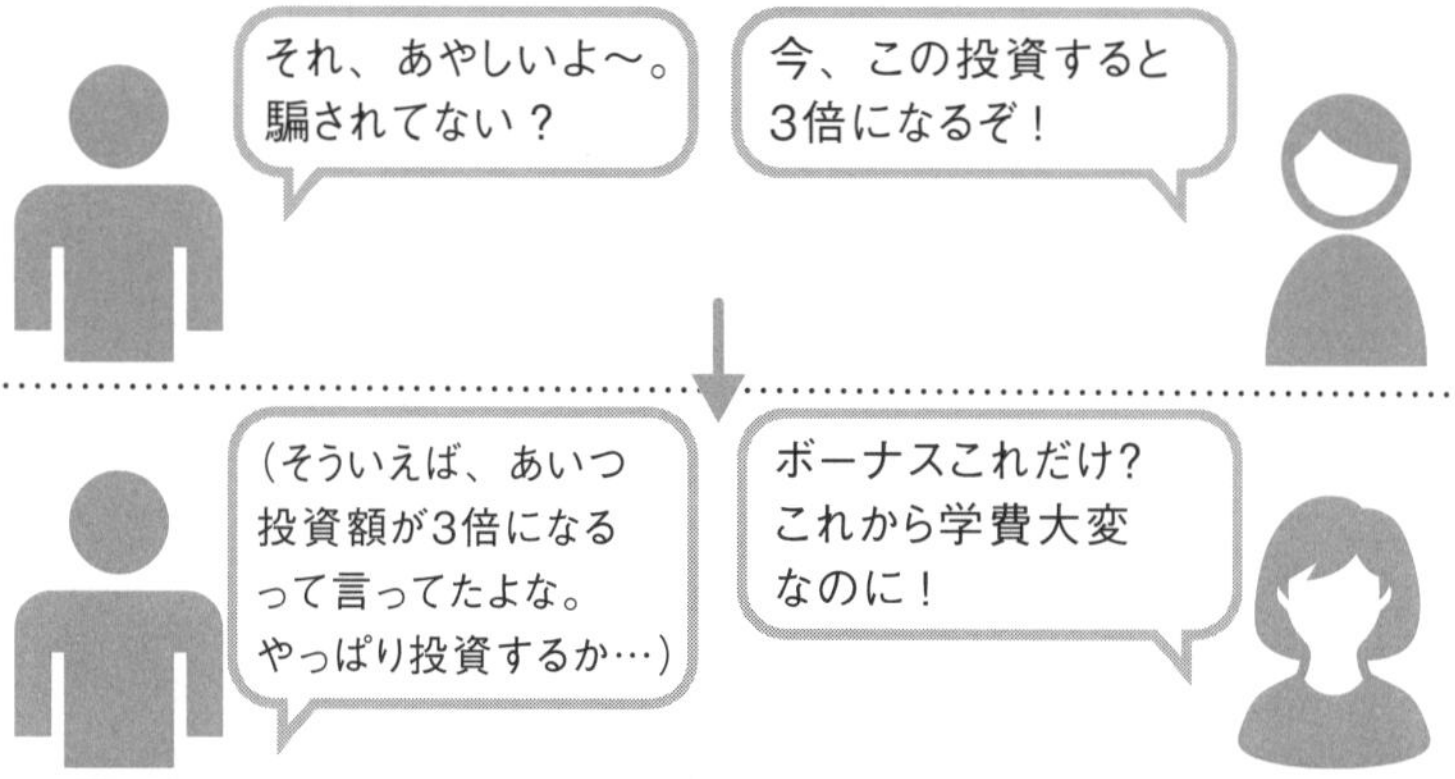
今、この投資すると
3倍になるぞ!
それ、あやしいよ～。
騙されてない?
ボーナスこれだけ?
これから学費大変
なのに!
(そういえば、あいつ
投資額が3倍になる
って言ってたよな。
やっぱり投資するか…)

最初は疑わしく思っていた情報でも、しばらくすると都合のいいエピソードだけが頭に残り、時間差で説得されてしまう

が記憶から呼び起こされ、連絡を取るという行動を促されます。

これがスリーパー効果の一例で、**時間の経過とともに抵抗感や疑いの気持ちが抜け落ち、受けたインパクトだけが頭に残って、心が動かされてしまう**のです。

研究によると、無意識に刻み込まれた言葉の影響力は強く、半年から1年かけてその情報が無意識下に浸透。やがて相手のメッセージに影響された行動を取るようになります。

ただし、スリーパー効果がこうした影響力を発揮するためには、2つの条件を満たしている必要があります。

2005年にイェール大学の研究チーム

が700件に及ぶスリーパー効果に関するデータを集めてメタ分析を行ない、どういう場面でスリーパー効果の効力が発揮されるのかを調査しています。その結果、わかったのがこれから紹介する2つの条件です。

スリーパー効果を高める条件 **1**

最初のインパクトの大きさ

1つ目の条件は、**「最初のインパクトの大きさ」**です。

これは**メッセージの受け手がその内容に賛成か、不賛成かに関係なく、最初に強い印象を与えることで相手の無意識下に入り込むことができます。**

ビジネスでもプライベートでも、話し手は極端な印象を残したくないため、ほどほどの意見から話し始めます。しかし、耳障りのいい言葉や聞き流せてしまえるようなエピソードは、その場で聞き手の気分をよくすることはできても、じわじわと影響を与えるような力は発揮しません。

逆にナチス・ドイツとの戦いに疲弊する国民を奮い立たせようとしたイギリスのウィンストン・チャーチル首相が演説で放った「Never give in. Never give in. Never, never, never, never.（絶対に、屈するな。絶対に、絶対に、絶対に！）」のような強烈な文言は、聞き手に強いインパクトを与え、スリーパー効果を発揮します。

仮に聞き手にとって受け入れがたい意見や提案だったとしても、心に強く刻まれた言葉が無意識下に浸透し、半年〜1年後に行動として現われることもあるのです。

ちなみに、チャーチルの「Never give in. Never give in. Never, never, never, never.」は、母校ハーロウ校の卒業式においてのスピーチの言葉でした。

1941年、ナチス・ドイツの空襲が続いて戦局が厳しくなる中、名演説家として知られていた首相が発した「大事であれ些事《さじ》であれ、また偉大なことであれ卑小なことであれ、名誉と良識に基づく自らの信念が許さぬ限りは、何事に対しても決して屈服してはならない」というメッセージはメディアを通して、国民に強いインパクトを与えました。

その後、1944年にイギリスを含む連合国はドイツ占領下にあったパリを解放。翌1945年にドイツは無条件降伏したのです。歴史の大きなうねりに、チャーチルの言葉が国民に与えたインパクトが影響していたのではないでしょうか。

もちろん、スリーパー効果は指導者と国民という大きな枠組みだけではなく、**職場での人間関係の円滑化、取引先のキーパーソンの説得、家族の合意形成、好意を寄せる異性を振り向かせる場面などでも強い影響力を発揮**します。

話すときは語り出しのインパクトを、メールや企画書などの文章では書き出しの強さを意識していきましょう。

スリーパー効果を高める条件2 あとから情報ソースの権威性が明らかになる

2つ目の条件は、**「あとから情報ソースの権威性が明らかになる」**ことです。

最初に与えたインパクトについて、**あとから信憑性の高い補完情報、権威性のある人からの賛成意見などが加わると、スリーパー効果が高まります。**

たとえば、同級生から投資話を聞いたときは「純金への投資？　どうなのかな。手続きも面倒くさそうだし、そんなに値動きないんじゃないの」といぶかしんでいた人が、半年後に「金融不安が広がると金の価格が上昇する」という経済誌の記事を読み、「同級生の話、本当だったんだ」と考えを変えるようなケースです。

最初に受けたインパクトが無意識下に残っている状態で、背中を押されるような情報に触れるとスリーパー効果が働き、一気に気持ちが傾いていくわけです。

以前、私が実際に経験した例ではこんなケースがありました。

会食の席で一緒になった知人から「最近、高級化粧品のビジネスを始めようと思っているんだけど、どう思う?」と聞かれ、私は「ほとんどの化粧品は科学的に効果がない、意味がないという結果が出ていますよ」とばっさり。

すると、その人は「は!?」と苛立《いらだ》ちを隠さず、眉間《みけん》にシワを寄せながら取り扱う予定の高級化粧品の効能を説明してきました。

そこで、「クリームには多少なりとも保湿効果があると思いますが、化粧水はまったく意味がないというエビデンスがありますよ。詐欺まがいのビジネスになっちゃうかも」と返したのです。

会食の席でしたから気まずい雰囲気を別の知人がとりなし、その話は終わりました。

知人は「なんだ、コイツ!」と腹を立てつつも強いインパクトを受けたようで、後日、自分たちが扱おうとしている商品の効果や一般的な化粧品の有効性について調べたそうです。すると、「効果が認められない」という研究結果が次々と出てきたようで、私のところにこんな相談が寄せられました。

「効果がないという意味で効能が変わらないんだったら、原価コストを極端に抑えながらみんなが使いたいと思う商品にしたいんだけど、いいアイデアはないかな?」と。

まさに情報ソースの権威性によってスリーパー効果がよく効いた結果でしたが、効能のない商品のプロデュースをする気はないので丁重にお断りしました。

聞き手の顔色や場の雰囲気を気にせず、インパクトのある主張をぶつける

聞き手の無意識に働きかけたいのなら、語り出しや書き出しのインパクトを重視することです。これは、あとから相手が情報ソースを確認したいと思うよう仕向けるためでもあります。

こちらの意見に聞き手が賛成なら、喜びとともに周辺情報を集めるはずです。いつでもネットで検索できる時代ですから、あなたの放ったキーワードについて調べ、ネット上から話の内容の裏打ちとなる情報を集めます。

意見に賛成している状態では、都合のいい情報に目が行く「カラーバス効果」が働くので、調べれば調べるほどインパクトを受けた自分を肯定する方向の力が働きます。その結果、スリーパー効果の効能も強くなるわけです。

一方、あなたの与えたインパクトに対して、相手が反対意見を持ち、反発していたとしても、「嘘かどうかを見抜いてやる」「反論する材料を集めたい」という動機から周辺情報

**自ら調べるよう導くにも、
強いインパクトが効果的**

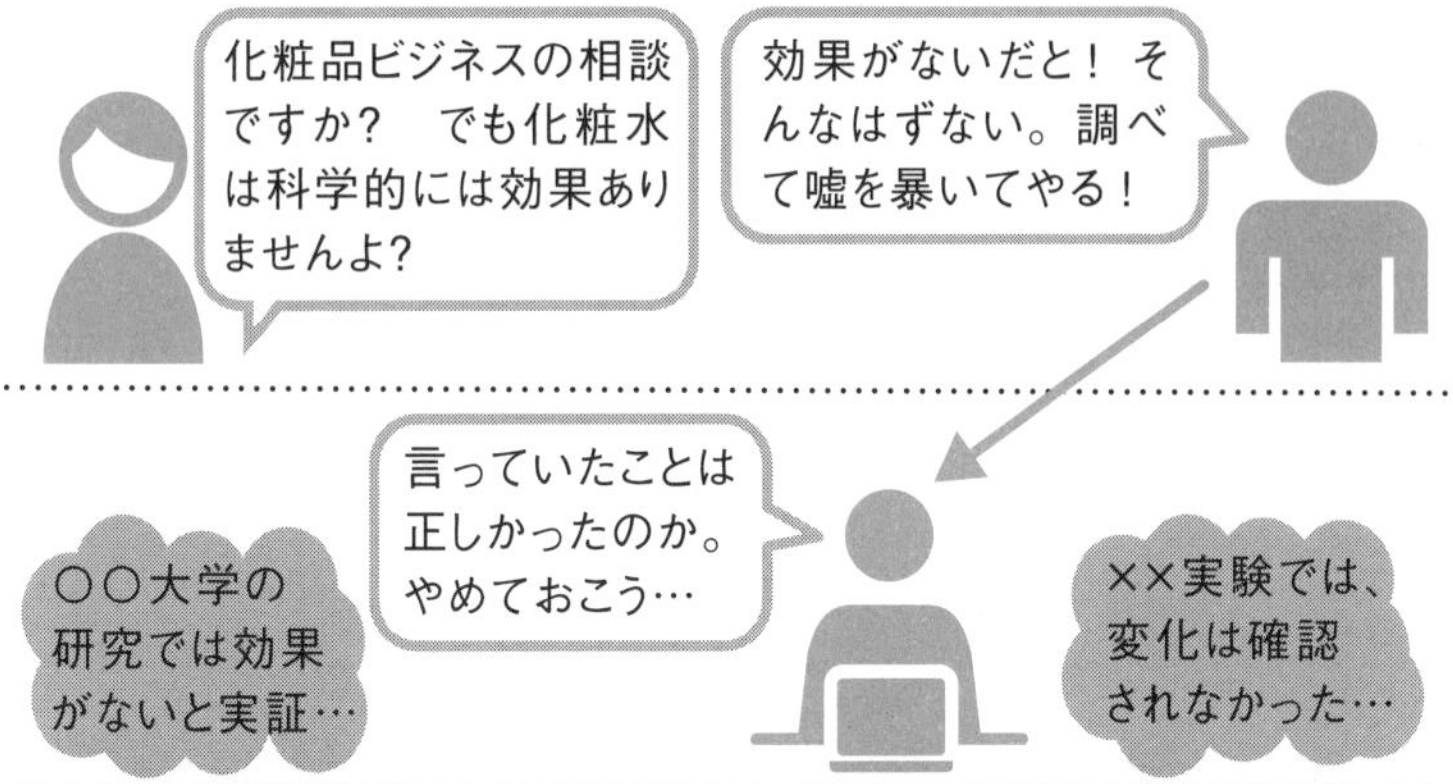
化粧品ビジネスの相談ですか？　でも化粧水は科学的には効果ありませんよ？
効果がないだと！ そんなはずない。調べて嘘を暴いてやる！
言っていたことは正しかったのか。やめておこう…
○○大学の研究では効果がないと実証…
××実験では、変化は確認されなかった…

**自分の主張にソースがある場合、あえて印象の強い伝え方をすると、
聞き手は自ら調べて話し手の正当性にたどり着くので、説得されやすい**

集めは進んでいきます。

そこで、あなたの語った内容が正しいものであれば、調べるうちに信憑性の高い補完情報や権威性のある賛成意見が見つかり、聞き手の心に変化が生じていくのです。

つまり、**インパクトの強い正しい意見や主張を、聞き手の顔色や場の雰囲気を気にせずにぶつけることが、スリーパー効果による無意識への影響を狙った最高のアプローチとなる**のです。

加えてもう1つスリーパー効果のメリットを解説しておくと、**無意識に働きかけることで相手の信念や性格からくるこだわりすら変える**力を持っています。

たとえば、恋人の考え方や上司の仕事の

進め方を変えたいと思ったとき、面と向かって説得しようとしてもなかなかうまくいきません。むしろ、反発を受け、「心理的リアクタンス」（制限された自由を取り戻すために、相手に対して攻撃的な対応を取ること）が発生してしまいます。

私たちには本能的に自分の行動を自己選択したいという欲求があり、それを他人に邪魔されたと感じると、プラスの提案であっても無意識的に反発したくなります。

しかも、一旦強く抵抗すると人はより頑固になり、あなたが変えたいと狙っていた部分すら強化されてしまうのです。

スリーパー効果は、こうした拒否反応を起こさせずに、相手の信念やこだわりを変化させる手段にもなります。

ポイント

ネット等でエビデンスが確認できる情報をもとに、強いインパクトで主張すると、相手は時間差で説得されやすい。

メソッド

2

「反復」で相手の記憶に忍び込み、意のままに操る

2つ目のテクニック**「反復」**は、**あなたからのメッセージを聞き手の記憶に刻み込み、無意識に影響を与え、思い通りの方向へと動かす方法**です。スリーパー効果と組み合わせて使っていくと、より強い影響力を行使できるようになります。勇気を持って、主題となるメッセージを繰り返し、繰り返し、発信していきましょう。

2010年、ロンドン大学は過去に行なわれた「影響力」と「説得力」に関する約300件の文献をレビューし、他人に影響力を与えるために必要な要素についてまとめました。「反復」はそのうちの1つで、**議論の回数が多ければ多いほど、賛成、反対の意思に関係なく、人はその意見に影響を受ける**ことがわかっています。

フェイス・トゥ・フェイスでの対話を重ねれば、話し手が聞き手に与える影響は強くな

る……と聞くと、あなたは「当たり前でしょ」「当然だ」と思うことでしょう。

でも、超影響力を身につけていくうえで重要なのは、経験上なんとなくわかっている「当たり前」と「当然」を仕組みとして理解していくことです。


ではなぜ、主題となるメッセージを投げかける回数が多くなるほど、与える影響力は強くなるのでしょうか。その理由の1つは**「単純接触効果」**にあります。

私たちの心は不思議なもので、触れる回数の多い人、情報に対して好意を抱き、影響を受けるようになります。

たとえば、テレビに出ているタレントさんたち。

最初は「こんな人もいるんだ」程度の関心でも、何度も同じ人を異なる番組やCM、ニュースなどで見かけるうちに、その発言や振る舞いに興味を持つようになります。その関心の輪が多くの人の間に広がっていくと、そのタレントさんは有名人になるわけです。

あるいは、ネットを中心に口コミで広がるフェイクニュース。

初めて見たときは「キャベツで熱が下がる？　うさんくさい」「電磁波を使った地震兵器がある？　本当に？」と疑っていたのに、何度も目にし、SNSで交流のある人が「効果があった」「信じている」と書き込むのを見るうちに、そこに真実があるように感じ、フェイクニュースを拡散する側になってしまうのです。

「反復」によって生じる単純接触効果のすごさは、好印象の人をますます好きになっていくだけでなく、**嫌いな人や抵抗感のある話題でも複数回触れるうちにだんだんといい印象に変わってしまう**ところにあります。

一般的に奥ゆかしさを重んじる人の多い日本人は、「何度も同じことを伝えたら相手に失礼かな」「一度、言ったらわかってくれるはず」と考えがちです。でも、そんな常識は忘れてください。

あなたが誰かを説得し、影響を及ぼしたいと思うなら、一度、二度ではなく、3回、4回と繰り返し、伝えたいメッセージを「反復」するべきなのです。

少しずつ変化させながら繰り返す、
回数はできるだけ多く

とはいえ、ただただ相手に影響を与えたいメッセージ、説得したい内容を反復すればばいいわけではありません。繰り返すことだけでも一定の効果が得られますが、それをより高めるコツがあるのです。

「現代広告の父」と呼ばれるデイヴィッド・オグルヴィは、**「広告や宣伝を打つ場合、人が3回以上それに触れなければ購買にはつながらない。ただし、5回以上同じ広告に触れてしまうと『しつこい』『見飽きた』とネガティブな印象を持たれてしまう」**と分析していました。

広告宣伝を繰り返し届けることには大きな意味があるものの、やりすぎると逆効果になってしまう……一見、矛盾するような話です。

しかし、オグルヴィの指摘には続きがあります。それは**「同じ広告宣伝、伝えたいメッセージを表現や形を変え、繰り返すこと」**というアドバイスです。

最初はテレビCMで見た商品を駅や電車の中のポスターで目にし、それがいつも読んでいるニュースサイトのWeb広告に登場する……そんな形で3回触れると、こちらの認識はこんなふうに変化していきます。

テレビCMを見た時点では、商品について意識しているか、していないかわからない状態だったのが、駅のポスターを見て「あ、テレビCMで見た商品だ」となり、Web広告で目にして「ここにも出てきた。気になるな」と。

別の方法で反復すると、受け手に好意的に印象づけられる

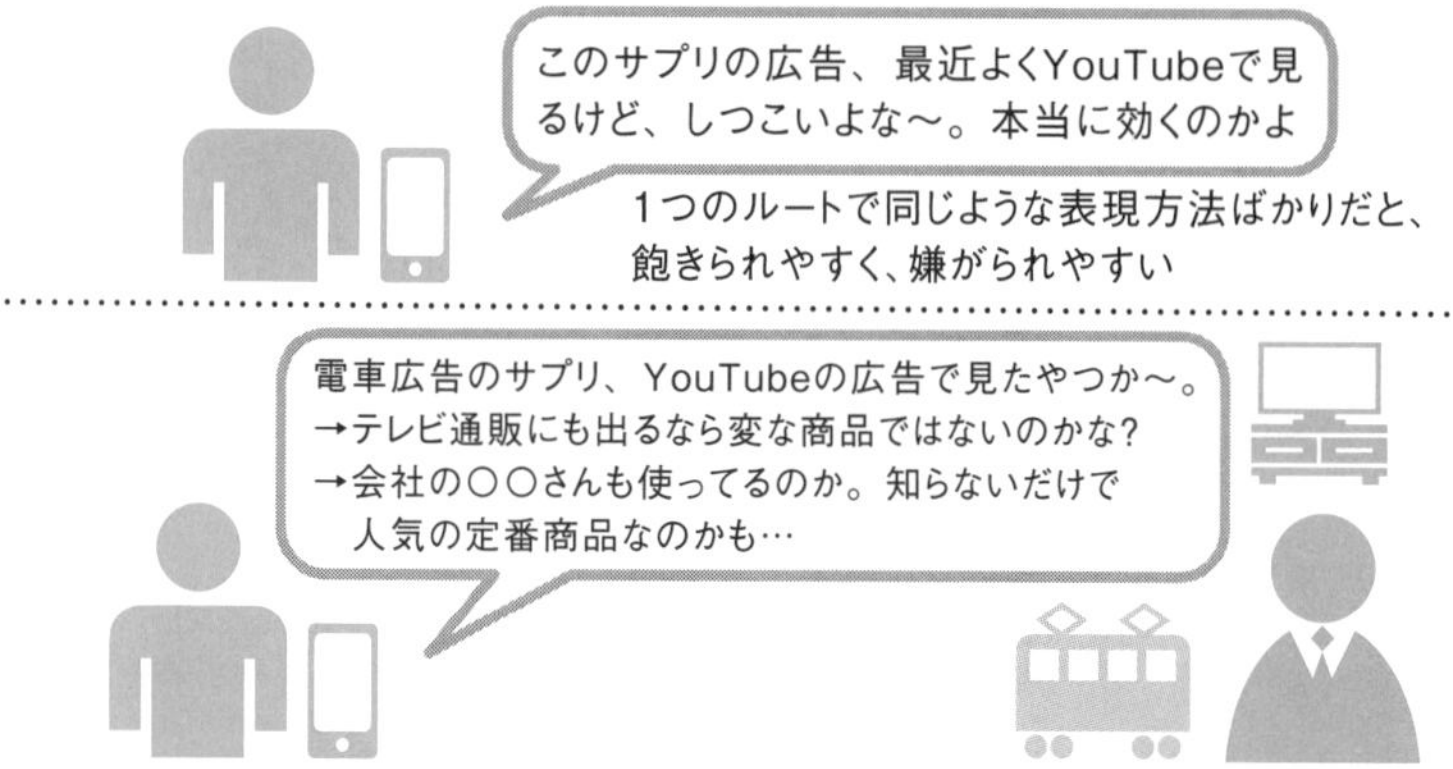
このサプリの広告、最近よくYouTubeで見るけど、しつこいよな〜。本当に効くのかよ
1つのルートで同じような表現方法ばかりだと、飽きられやすく、嫌がられやすい
電車広告のサプリ、YouTubeの広告で見たやつか〜。
→テレビ通販にも出るなら変な商品ではないのかな？
→会社の○○さんも使ってるのか。知らないだけで人気の定番商品なのかも…

あるものの影響を広めたいとき、それに関する情報を複数のルートから異なる表現方法で反復して届けると、人は受け入れやすくなる

その後、バラエティ番組で有名人がその商品を使うのを見たり、ネットで検索し、口コミ情報を確認したりするうち、購入に至るのが広告としては理想的な流れです。

表現方法や媒体を変えれば、5回以上同じ商品の広告に触れたとしてもネガティブな反応は出なくなります。

たとえば、あなたもこんなコピーを目にしたことがないでしょうか？

「親しい友達だって、あなたに教えてくれません。口臭防止にリステリン」

少量を口に含み、うがいをし、口腔内を

消毒する、あのリステリンです。

「あるある」と思った人は「反復」の影響を受けている消費者の1人だと言えます。

なぜなら、このキャッチコピーが使われたのは1922年の販促キャンペーンでのことだからです。もちろん、その後も口臭防止の効能をアピールする同種のコピーは何度となく繰り返し使われているので、「目にしたことがある」と感じるのは当然のこと。しかし、今、紹介したキャッチコピーは約100年前のものなのです。

また、社会心理学者ウィルソンによる説得率の研究も「反復」の効能を証明しています。模擬裁判の中で、「この人は有罪だ」という証拠を何回繰り返せば陪審員が説得されるかを調査した実験で、**3回繰り返すと説得率は46%に、10回繰り返すと86%に上昇する**という結果が出ているのです。

ただし、この実験でも10回の繰り返しを行なうときは表現や切り口、素材を変えて証拠を見せていました。

つまり、勇気を持って主題となるメッセージ繰り返すこと。それも表現を少しずつ変化させながら繰り返すこと。それが「反復」の力をより効果的なものにしてくれるのです。

きちんと注目を引く演出が施されていれば、その情報が嘘でも3、4回繰り返されるうちに「真実の幻想」と呼ばれる現象すら起きます。

これはフェイクニュースでも繰り返し触れるうちに事実だと感じてしまう集団心理。**反復には社会すら動かす力がある**のです。

説得力、影響力を発揮し、聞き手を望む方向に導きたいときは「反復」が有用です。**ポイントは、どうやって相手を飽きさせず、抵抗なく同じ情報に複数回触れてもらうか**です。

そこで、「反復」の相棒となる2つの要素「たとえ話」と「ストーリー」について紹介しましょう。

「反復」を支えるサポートテクニック1

たとえ話

広さを相手に伝えるとき、メディアではよく「東京ドーム○個分」とたとえます。

実際、東京ドームが何ヘクタールあるか知っている人はほとんどいません。それでも「野球場が何個も入るんだから広いんだろうな」というイメージは伝わっていきます。

多くの人が想像できるシンプルなものになぞらえて表現することで、聞き手は具体的な姿形、状況などを想像します。

これが「たとえ話」の持つ力です。

聞き手の想像力を刺激してイメージさせると、相手は話し手の主張を短時間で理解し、納得もしくは、共感してくれやすくなります。

たとえば、「日本には国の借金が1100兆円ある」と言われても金額が大きすぎてしっくりきませんが、「月収30万円の人が、給料の他に毎月20万円ずつ借金しながら、月に50万円かかる生活をしているようなもの」と説明されたら、どうでしょう?

身近に感じられることでひどい借金生活ぶりが具体的に伝わるだけでなく、遠からず借金が返せずに経済が回らなくなってしまう危機感も共有できるはずです。

このように、たとえ話をうまく使うポイントは、**聞き手のよく知っている言葉を選んで、難しい話を置き換えていくこと。**

わかりやすさが増すので、交渉の場面でのたとえ話の効果を調べた実験では、相手が「イエス」と言ってくる確率が上昇するという結果が出ています。

実際、私も人前で話をするときに伝わりやすいたとえ話を効果的に挟み込む練習を重ねてきました。配信している動画を見るとすぐにわかりますが、どんな内容を扱った回でも必ず「たとえば」を何度も繰り返しています。

そして、伝わりやすいたとえ話を作るときに心がけているのは、次の3つの切り口です。

① 自分が使うなら、どんなふうに役立てるか？

「たとえば、私なら○○します」と、自分が行動している姿を具体的にイメージしながら、たとえ話にします。もし、自分の姿がうまくイメージできないなら、そのたとえ話は聞き手にもうまく伝わりません。

② 小学生に説明するなら、どんな伝え方をするか？

話の内容を単純化して、シンプルに伝えます。アルベルト・アインシュタインは「6歳の子どもに説明ができなければ、理解したとは言えない」という言葉を残していますが、単純化する過程で内容の理解が進むので、説得力も増していきます。

③ 相手をクスッとさせたいなら、どんな言い方をするか？

ユーモアは相手の警戒心をやわらげる力があり、一緒に笑った経験は話し手と聞き手の親密度を一気に高めます。私が動画で下手な小芝居を挟んだり、モノマネを入れたりするのは聞き手との距離感を縮め、より深く話の内容を理解してもらうためです。

もし、**あなたが「うまいたとえ話がなかなかできない」と悩んでいるなら、この3つの切り口を参考にいくつかエピソードをストック**しておきましょう。

話している最中に即興でたとえ話を繰り出すのは難易度の高いチャレンジです。事前に、「今日はこんな話をする」と予想がつくなら、その内容に挟み込むたとえ話も準備しておけば緊張せずに済みます。

そして、いくつかのパターンのたとえ話があれば、それを組み合わせることで自然と「反復」を行なうことができるのです。

「反復」を支えるサポートテクニック 2 ストーリー

「流行」に関する過去の文献をレビューし、社会的なブームが巻き起こるプロセスを研究しているペンシルバニア大学のジョナ・バーガー教授は、「ストーリーは実用的な情報を伝える船のような存在だ」と言っています。

なぜ、ストーリーが「実用的な情報を伝える船のような存在」になるかというと、**そもそも私たちの脳は物語を理解し、記憶しやすい性質がある**からです。

たとえば、あなたがマンガを読んだあとや、映画やアニメを1本見たあとに、「そのストーリーを説明してください」「登場したキャラクターを教えてください」「印象的だった場面、セリフはありますか？」と聞かれたとして、答えに困るでしょうか？

ひどい睡眠不足で読みながら、見ながら寝てしまったということでもなければ、あらすじを説明し、主要な登場人物について話し、自分がどんな場面、セリフにぐっときたかを語ることができるはずです。

ところが、ビジネス書や実用書、学術書を読んだあとや、難易度の高い授業、専門性の強いプレゼンを聞いたあとに「内容を説明してください」と言われると、スムーズにいきません。

これは、前者が記憶しやすい物語のパッケージになっているのに対し、後者は受け取った情報のかたまりを自分なりに整理して表現や話す順番を置き換えなければならない分、処理が追いつかなくなってしまうからです。

そして、ジョナ・バーガー教授はこうも指摘しています。

「人は自分の記憶に残っているものに価値を見出し、多くの人が知るべきことで、広めるべき情報だと考える傾向がある」と。

私たちは**1つのストーリーになっていて記憶しやすい情報に価値を感じる**のです。ですから、あなたも人に話をするときは、**その内容をストーリー仕立てにする演出を心がけ、**

人を動かす物語の基本
「上げて、落として、また上げる」

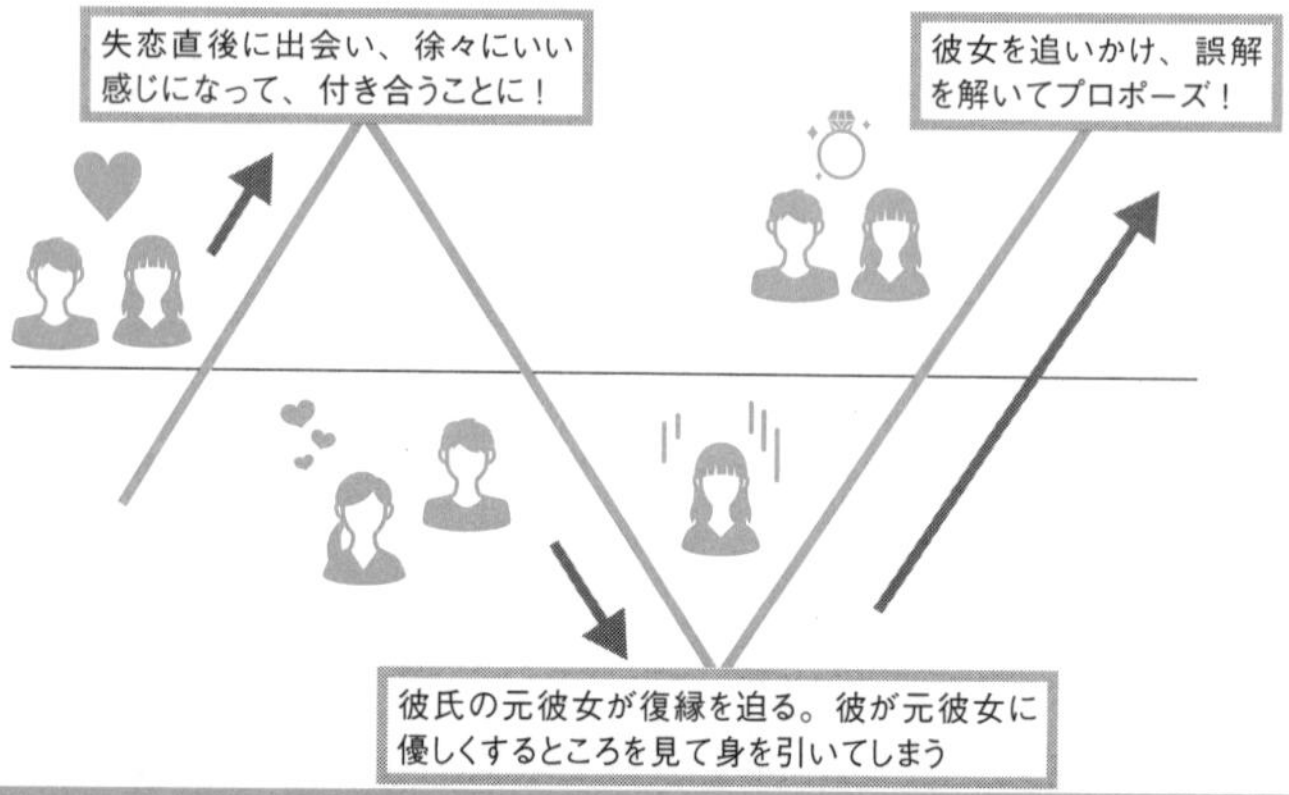
失恋直後に出会い、徐々にいい感じになって、付き合うことに！
彼女を追いかけ、誤解を解いてプロポーズ！
彼氏の元彼女が復縁を迫る。彼が元彼女に優しくするところを見て身を引いてしまう

ストーリーを活用するときは、「上げて、落として、また上げる」ことで感情を揺さぶると、聞き手の印象・記憶に残りやすくなる

その中に「反復」を盛り込んでいきましょう。すると、伝えたいメッセージが聞き手の記憶に残る確率が劇的に上昇します。

では、どういう組み立てにすると、話をストーリー仕立てにできるのでしょうか。

基本的に多くの物語は**「上げて、落として、また上げる」**という構造なっています。

たとえば、こんなふうに……。

● 男女が出会い、トラブルが2人を襲い、別れの危機が迫ったあと、絆《きずな》を確かめ合いハッピーエンドに

● 有望な若手ビジネスパーソンが頭角を現わしたものの、社内の人事を巡る暗闘に巻き込まれ、ピンチに。しかし、

超影響力を駆使して「倍返し」に成功する

● 温和な地球外生命体と遭遇し、友情を育む主人公。ところが、政府とマッドな科学者による邪魔が入り、友好関係は引き裂かれ、大きな危機が。それでも主人公と地球外生命体の協力で最悪の事態は回避される

いずれもどこか心当たりのある大ヒット作のストーリー展開ですが、どれも「上げて、落として、また上げる」構造になっています。つまり、**あなたの話す内容、書くメールや企画書、プレゼンなどに同じ構造を持ち込めば、一気にストーリーのある語り口ができあがる**わけです。

ポイント

たとえ話や物語を駆使しながら、
複数の異なるルートで反復して情報を届けると、
聞き手は動かされやすくなる。

メソッド

3

「権威」を利用し、インパクトを与える

人は権威に弱く、無意識のうちに心を動かされてしまいます。

たとえば、気になる人との初デートや初めての仕事の打ち合わせのとき、待ち合わせ場所を一流ホテルのロビーにし、場慣れたふうにカフェラウンジへとナビゲートするだけで、あなたは心理的に優位な立場に立つことができます。

あるいは、あなたがすでに何らかの分野で名を成し、成功しているなら、自分のホームグラウンドである社長室や研究室、行きつけの高級店などに相手を呼び出すだけで、交渉や話し合いを思惑通りにスタートさせることができます。

なぜ、人が権威に弱く、強い影響を受けてしまうのかと言うと、**脳には消費するエネルギーをできるだけセーブするため、認知や判断、思考をショートカットさせる性質が備わっている**からです。

頭を使って考えるのが面倒くさいから、レッテルに騙されやすいとも言えます。

つまり、「権威」というインパクトを受けると、「この人の言っていることには信憑性があるのだろう」「周りが権威を認めているのだから、正しいはずだ」「従っても問題ないだろう」と、一種の思考停止状態になってしまうのです。

ですから、無意識に相手が「この流れに従ったら楽だな」と感じさせる演出を施すと、聞き手に影響力を及ぼす準備が整います。

その演出方法の1つが、**「権威」**なのです。


そして、手っ取り早く権威を感じさせることができるのが、**人物や場所の持つ権威性、イメージを利用する「トランスファー」というテクニック**です。

先程の一流ホテルのロビーでの待ち合わせもそうですし、「トップアスリートが愛用」「秀吉ゆかりの○○」など、有名人や偉人と関連づけるのもトランスファーの一種です。

この手法は、説得力や影響力を発揮したいとき、すでに権威性のある場所や人の力を借りてしまうやり方ですが、その効果は歴史が証明しています。

歴史的に見て大きな影響力を発揮した政治家やプロパガンディストたちは、必ずといっていいほど教会の大聖堂や国会議事堂など、広く権威性が認められている場所で演説を行なっています。

たとえば、歴代のアメリカ大統領は大統領就任演説を連邦議会議事堂の前で行ないます。そこで、**アメリカの歴史に残るエピソード、歴代大統領の偉業の紹介、国民の多くが幼い頃から読んでいる聖書のフレーズの引用などを交えて所信表明をしながら、自分の伝えたいキーフレーズを「反復」する**のです。

トランプ前大統領ならば「Make America Great Again.」を、オバマ元大統領は「Change」を繰り返し、聴衆の喝采《かっさい》を浴びました。こうして巧みにトランスファーを使ったことで、聞き手は無意識のうちに場所の持つ権威の影響を受け、彼らの演説にいつも以上のインパクトや説得力を感じたのです。


こうしたトランスファーの効力は政治家だけでなく、さまざまな企業やメディアも活用しています。たとえば、近年電気自動車などで目立った業績を上げているテスラは、会社と直接の関係はないものの、偉大な電気工学者・発明家であったニコラ・テスラを社名の由来としており、独創的で革新的なブランドイメージを築いています。

作られたものだとわかっていても、それでも人は権威に弱い

古代ギリシャの哲学者アリストテレスは、こう記しています。

「われわれは立派な人の言うことを、そうでない人が同じことを言う場合よりも強く、また簡単に信じてしまう。これはどんな話題であっても、どんな問題であっても一般的に真実であり、意見が分かれて確信が持てないような状況ではより絶対的な真実となる」

紀元前300年代の偉大な哲学者の観察眼は人間の本質を突いています。その後、数多《あまた》の科学的研究がアリストテレスの指摘の正しさを裏づけ、私たちがいかに「権威」から大きな影響を受けるかを証明してきました。

ストレートにこう言われると反発を覚えるかもしれませんが、**あなたの中にも権威とつ**

ながりを持ちたいという願望があり、それは当然、私の中にもあります。ただ、私の場合、権威だと感じる対象が一般の人とズレているのかもしれませんが……。

話をトランスファーに戻せば、食料品のパッケージに書かれている「モンドセレクション金賞受賞」や、老舗《しにせ》の名店が掲げる「宮内庁御用達《ごようたし》」「創業享保元年」、キャットフードについている「トップブリーダー推奨」といったコピーもまた、「権威」とのつながりを使った演出だと言えるでしょう。

ちなみに、ベルギーに本拠を置く団体が選定しているモンドセレクションは約15万円の応募費用を出品者側が負担する仕組みになっていて、応募された商品の約90％が銅賞、銀賞、金賞、特別金賞のうちいずれかを授与されています。

こうした背景から「お金を出せば手に入る賞」と言われ、その仕組みはメディアでも紹介されていて、すでに多くの人が知るところとなっています。

となると、パッケージに「モンドセレクション受賞」と書いてもトランスファーは働かないと思いますよね？　ところが、このコピーは今も商品の売上増に貢献しているのです。

なぜかと言うと、虎の威を借る狐《きつね》のような権威であっても、**私たちの中にある「新しいものを選ぶことへの抵抗感」をやわらげてくれる**からです。

たとえ見え透いた権威づけでも、
効果は大きい

最高金賞
受賞
No. 1
RANKING
創業享保元年
あの秀吉も
愛した…
宮内庁御用達
（どうせ、イメージをよくする権威づけなんでしょ…）でも、無名の商品で失敗したら嫌だから、こっちを買おう

人は、何の保証もない新しい商品を選ぶことに抵抗感が強いので、バレバレのトランスファーだとしても、結局お墨つきのあるものを選ぶ

人は新しい情報を受け入れるとき、不安を感じ、何かしら助けとなる要素を求めます。それは周囲の人の同調であったり、権威によるお墨つきであったり、歴史的な裏づけであったりするわけです。

特に日本人は、「会議で1人だけ反対意見は言えない」「家族なのに○○しないなんて」「みんな自粛しているのに」というように、同調圧力を重視します。**多くの人がやっていること、信じているものには何かしらの理由があり、いいこと、安全なことである違いない**、と。そう考えるのです。

だからこそ、トランスファーは有効なのです。

身近な権威を使い、「新しいものを選ぶことへの抵抗感」を取り除く

仕事やプライベートの日常生活の中でトランスファーを使うのに適している場面は、新しい意見を伝えるときです。

- 会議で新企画を通したい
- 業務方法の改善プランを上司に認めてもらいたい
- パートナーに新しい家電製品の購入を納得してもらいたい

前例のない企画も、これまでのやり方を変える改善プランも、今まで家になかったタイプの家電の購入も、提案を受ける側を不安させます。

「新しいものを選ぶことへの抵抗感」＝「現状維持バイアス」が働くからです。

そこで、権威の力を借ります。

「当社では前例のない企画ではありますが、欧米版のAmazonでは同種の商品がジャンル別のベストセラーになっています。海外情報に強いインフルエンサーの協力を取りつけた宣伝展開も可能です。前向きに検討いただけないでしょうか？」

「今回の改善プラン、実は最近、新人の頃、部長に勧められたトヨタのカイゼンの本を読み直して思いついたプランです。90年代の本の中に今にも通じるアイデアが豊富にあり、私たちの職場に活かせる部分を活用しました」

「あなたの好きな芸人さんも、子どもが生まれたタイミングで購入したら超便利だったとテレビで言っていたし、ロボット掃除機、うちも買おうよ」

トランスファーは、偉人の言葉や歴史的建造物といった誰もが知る権威ではなくとも、**そのコミュニティで高い評価を得ている権威を引き合いに出すことで効果を発揮**します。

聞き手がどんなものに「権威」を感じているかを観察し、うまく話の中に盛り込んでいきましょう。よく知る人物、本、業界と紐づけることで無意識のうちに「新しいものを選ぶことへの抵抗感」が低下し、新しい意見を受け入れてくれる可能性が上昇します。

小さな権威者を目指して、正しく自慢する

「権威」を使って聞き手に影響を与えるとき、理想的なのは**あなた自身が相手から尊敬される存在になること**です。しかし、個人が多くの人に認められる権威になるには険しい道のりが待っています。

けれども、職場の同じ課内、取引先も含めた仕事のコミュニティ、趣味の集まり、家族内など、限られた集団の中で尊敬される人、小さな権威者になることは可能です。

そのために**必要なのは、適度な自己アピール。実績と実力を自慢する作業**です。ただ、あなたも経験があると思いますが、聞いていてうれしいのは自分の子どもがする自慢話くらいのもの。赤の他人の自慢話を聞く時間は、苦痛でしかありません。

つまり、適度な自己アピールを成功させ、集団の中での小さな権威者になるには**嫌味なく自慢していく必要がある**のです。

では、どうすれば周囲の人に煙たがられず、あなたの実績や能力を自慢できるのでしょうか。参考になるのが、2015年発表のミシガン大学のレビュー論文です。

研究チームは過去30年間に発表された「自慢」に関する研究をレビューし、どのように自慢していくと相手に嫌がられることなく、本人のすごさが伝わるかを調べ、次の3つの方法を提案しています。

正しい自慢の方法1　相手が集中していないときに自慢をする

1つ目は、**相手が集中していないタイミングに自慢する**という方法です。

ミシガン大学の研究チームは実験の参加者に面接官となってもらい、2つのグループに分け、模擬面接を使ったテストを行なっています。

グループ1の面接官は模擬面接にやってきた相手の自己アピールに集中して耳を傾け、グループ2の面接官はパソコンで資料を作るなど他の作業をしながら片手間で相手の話を聞きました。

すると、集中して相手の話を聞いた面接官は「彼らの自己アピールは嘘が多くて信じられない」という印象を持ち、逆にグループ2の面接官は「面接にやってきた人たちはみんな、礼儀正しく尊敬できる」と感じていたのです。

人は集中した状態で自慢話を聞くと、それが確たる実績のある自慢でも否定的に受け止め、嘘っぽい印象を感じてしまいます。

しかし、**他の作業に意識を向けながら話を聞いていると、相手の自己アピールの中でいい情報として印象に残った部分だけを記憶**していくのです。

ですから、あなたが自分の能力や実績をアピールしたいときは聞き手の状態をチェックしましょう。

相手が手元の作業に集中しているとき、アイデア出しのために考えを巡らせているとき、資料となる動画を見ているときなどの雑談に「私も以前、こういう成果を出したことがあるんですけど、今回の問題はなかなか難しいですよね」とさり気なく自己アピールを紛れ込ませます。

ポイントは自慢で終わるのではなく、相手が集中している作業などに戻れるよう会話を切り上げること。すると、スリーパー効果にも似た力が働き、相手はあなたのアピールを前向きに捉えてくれます。

自己アピールは相手がマルチタスク状態になっているときに行ないましょう。

正しい自慢の方法 2
自慢は第三者の口から

2つ目の方法は、**第三者からあなたのいいところ、ポジティブな面をアピールしてもらうことです。**

サクラを仕立てるわけではありませんが、ミーティングの場で仲のよい同僚に「この件だったら、○○が経験豊富じゃないですか。前も××との交渉をまとめましたし」と言ってもらったり、合コンで友達に「コイツは優しくて子ども好きだし、仕事は真面目だし、彼女がいないのが不思議なんですよ。ってか、なんで？」とツッコんでもらったり……。

あなたが好印象を与えたいキーパーソンの前で第三者の口からアピールポイントを話してもらうと、効果的です。

私たちは自分が耳にした情報に関して、**本人から直接聞かされるよりも、第三者を介して「聞いた話」として知るほうが、より信憑性を感じる**傾向があります。これは**「ウインザー効果」**と呼ばれ、口コミマーケティングを支える基本的な考え方です。

もちろん、自慢したいことのすべてを第三者に語ってもらうのは不自然なので、「そういえば、○○の意見も聞かせてよ」「課長も判断材料を増やしたいって言っているし、おまえはどう思っているの？」など、アピールを始めるきっかけを振ってもらうようにするのもいいでしょう。

自分から語り出した自慢話、自己アピールは嫌がられますが、第三者がきっかけを与え、それに応える形であれば自然に話すことができます。

ちなみに、私は昔からこの方法を実践してきました。ただ、いつも味方になってくれる友人知人が同席するわけではありません。そこで、即席でアピール役を担ってくれる第三者を作るテクニックを使っています。

やり方は簡単で、**こちらが先に周囲の人を褒めまくるだけ**です。

会食の場に「仕事ができる」と噂の取引先の人がいれば、「〇〇さんは独自のプレゼン技術で大型案件を取りまくって、会社に億単位の利益をもたらしたすごい人だって聞いています」といったように。

すると、褒められた相手は喜ぶだけでなく、必ずあなたのことを褒め返してくれます。

なぜなら、**「返報性の原理」**が働くからです。これは、何かを与えてもらった人は、何かを返さなくてはと考える本能のようなもの。つまり、**人間関係は先に与える人が得するようにできている**のです。

周囲の人を褒めると、即席であなたのことを褒めてくれる第三者を作り出すことができます。しかも、**このテクニックのいいところは誰も不幸にならない点**です。

こうやって文章で読むと「あざといやり方だな」と思うかもしれませんが、あなたが先に褒められるシーンを想像してみてください。悪い気はしませんし、むしろちょっといい気分になるのではないでしょうか。

「この人、私のことわかってくれているんだな」「わざわざ、みんなの前で言ってくれるなんてうれしいな」と。その後、そのうれしさを返したくなるわけです。

そして、横で一連のやりとりを聞いていたキーパーソンには、しっかりとあなたの好印象が残り、権威づけができるのです。

正しい自慢の方法3　比べるのは過去の自分

3つ目は、**自己改善性をアピールすること**です。

嫌われる自慢の筆頭と言えるのが、次のような他人との比較で優位性を出す語り方。

- 「誰々と比べて稼いでいる」
- 「誰々よりも忙しい」

●「誰々よりも仕事ができる」

自分より下の比較対象を見つけて、「私はすごい」と自慢するのは最悪のやり方です。

また、「他人よりもいい時計をしている」「いい車に乗っている」「いい服を着ている」といったモノ自慢、ブランド自慢も嫌われます。

とはいえ、自慢をし、優位性をアピールするには比較対象があったほうがいいのは間違いありません。そこで、ミシガン大学の研究チームが推奨しているのが、自己改善性のアピールです。

「事業を立ち上げた頃は食事を抜くくらいまで切り詰めて、なんとかスタッフの給与を支払っていましたが、今はボーナスも出せるようになって、本当にホッとしています」

「仕事をしている時間は以前と変わらないんですが、担当する案件数は増えていて、少しは生産性が上がってきたのかなと感じています」

「5年前に比べたら、課長の指導もあって仕事ができるようになった気がします」

自慢するときは、他人と比較しない

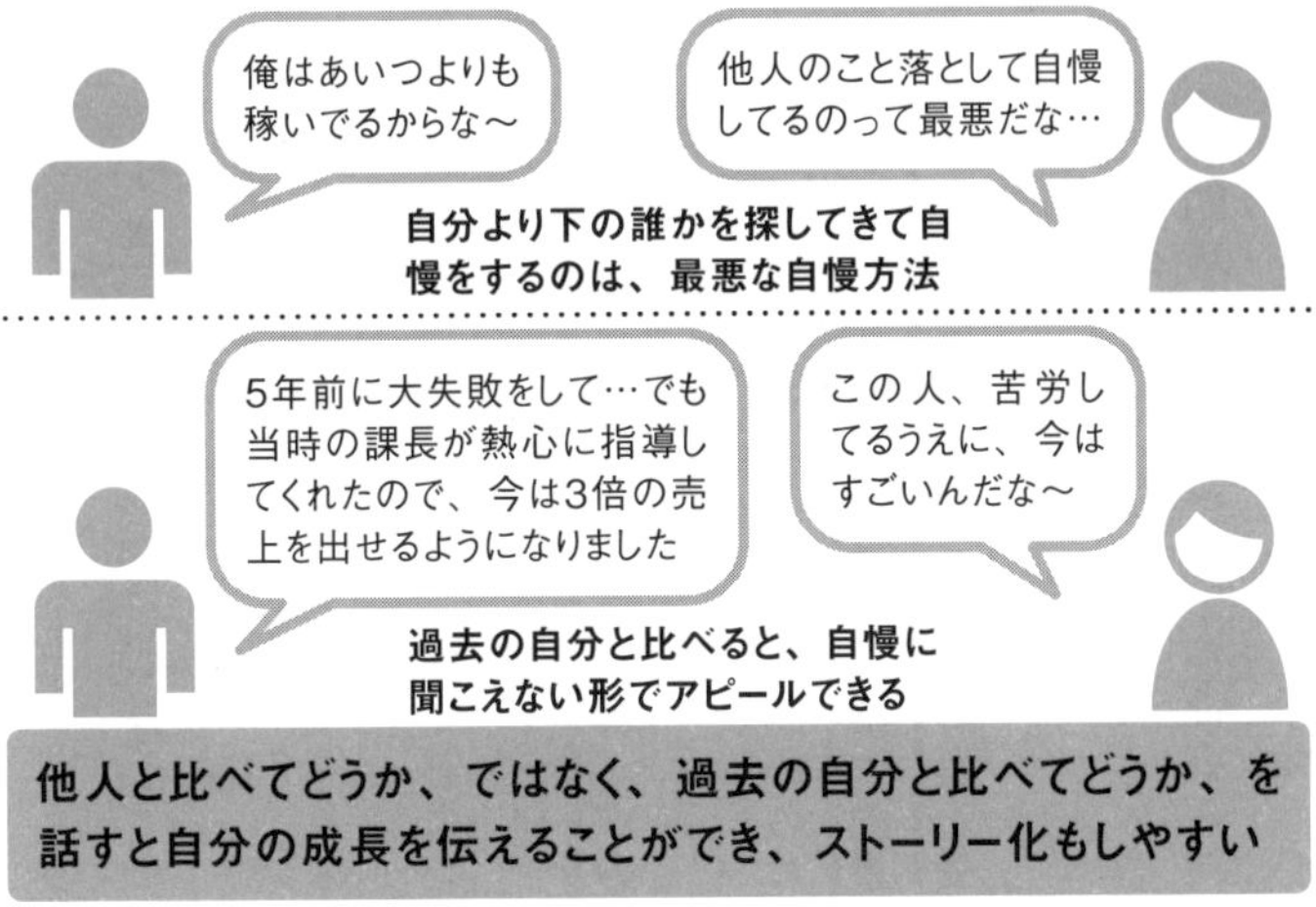
俺はあいつよりも稼いでるからな～
他人のこと落として自慢してるのって最悪だな…
自分より下の誰かを探してきて自慢をするのは、最悪な自慢方法
5年前に大失敗をして…でも当時の課長が熱心に指導してくれたので、今は3倍の売上を出せるようになりました
この人、苦労してるうえに、今はすごいんだな～
過去の自分と比べると、自慢に聞こえない形でアピールできる
他人と比べてどうか、ではなく、過去の自分と比べてどうか、を話すと自分の成長を伝えることができ、ストーリー化もしやすい

こんなふうに**過去の自分と比較しつつ、改善された点をアピールする**わけです。このタイプの自慢は聞き手からの好感度を高めることが研究で明らかになっています。

さらに、自己改善性のアピールにプラスして、どんな困難があり、それをどう乗り越え、今の状態になったのかのストーリーを語り、最後を周囲の人への感謝で締めくくると、より効果的です。

「自慢する際、比較対象とするのは過去の自分」と**「ストーリーを語り、感謝を忘れない」**の2点を覚えておきましょう。

小さな権威者となったら、成果を出すことが最上の自己アピールに

あなたがすでにコミュニティ内で実力を認められ、その発言に周囲が耳を傾ける小さな権威者となっているのなら、自慢や自己アピールに時間を割く必要はありません。

成果を出し、認められている人は、次の成果を出すことがすなわち嫌味ではない自慢となり、自己アピールになるからです。

一度、コミュニティ内で権威を認められると、本人の際立った点によって他の部分の評価も高められる**「ポジティブ・ハロー効果」**が働き、**大きな失敗をしない限り、周囲は無意識にあなたの言葉に説得され、影響を受け続けます。**

ですから、「沈黙は金なり」ではないですが、成果を出している間は、自慢も自己アピールも封印しましょう。

もし、周囲から自己アピールを求められたときは、次に自分が何を成し遂げたいと思っているかを話してください。それが向上心や探究心のアピールにつながり、周囲からあな

たへの評価はさらに高まります。

逆にこれからコミュニティ内で影響力を高めていきたいと望んでいるなら、紹介した3つの方法を駆使しながら、うまく自慢と自己アピールに努めていきましょう。というのも、**自慢には周囲に可能性と期待を感じさせ、あなたへの注目を集める効果もある**からです。

周囲があなたの言動に目を向けている間に成果を出せば、評価は上昇します。

その積み重ねによって、無意識のうちに周囲の人たちはあなたを小さな権威者として認めていくようになるのです。

まだ何も成し遂げていないと思う人は自慢と自己アピールを。すでに一定の成果を出し、認められている人は次なる成果のための努力を大切にしていきましょう。

ポイント

最初はトランスファーで権威を借りつつ、上手な自慢と確かな成果を積み重ねると、自分自身が権威者になれる。

メソッド

4

「アテンション・コントロール」で無意識を集中させる

相手の無意識をあなたの話に向けさせるために役立つのが、**「アテンション・コントロール」**です。

たとえば、演説がうまいとされている経営者や政治家、プロパガンディストは沈黙の意味をよく知っています。彼らは司会者に紹介され、登壇し、マイクの前に立ち、しかし、すぐには話し始めません。

十数秒の沈黙。ざわざわしていた会場の雰囲気に緊張感が生じ、聴衆は「どうしたんだろう?」という疑問とともに登壇者へ目を向けます。この時点でもうスピーチは半分以上成功しているわけです。

あるいは、新興宗教団体の信者募集会場やネットワークビジネスの販売集会、自己啓発セミナーの新規会員説明会など、来場者の注意力や判断力を低下させる狙いを持つ集まりでは、会場の室温を高くし、人々を密集させ、大音量で音楽を流します。過剰な情報量で徐々に来場者の注意力や判断力を乱したあと、登壇者が強いメッセージを発し、入会や購入に導くのです。

どちらもアテンション・コントロールの代表例で、**聞き手の無意識を操り、話し手の説得力、影響力を高めている**のです。

仮にあなたが次のような考えを持ち、相手を説得したいと望んでいるのなら2人きりになり、できるだけ会話に集中できる状況を作ってみてください。

- 上司（先輩）として、部下（後輩）に携わっている仕事の意義を伝えたい
- 2人の将来についてパートナーと真剣に話し合いたい
- 子どもに親としての自分の価値観を知ってもらいたい

大事なのは、聞き手の気をそらす要素を可能な限り、排除していくことです。

スマホは引き出しの中にでもしまってください。窓の外を通る人がいるならカーテンを閉じましょう。室温は暑くも寒くもない快適な温度に。テレビやラジオは消し、余計な音のない状態にして、静かにゆっくりと語りかけてください。

すると、聞き手は無意識のうちにあなたの話に集中し、その内容についても深く理解しようと努力してくれます。

もし、あなたが普段から「こちらが真剣に話しているのにいまいち伝わらない」という悩みを持っているなら、**話をする環境をチェックしてみてください**。聞き手の気をそらす要素があり、聞いているつもりが無意識のうちに聞き流してしまっているケースは多々あります。「何度言ってもわかってくれない」と落胆し、相手を見限る前にアテンション・コントロールを試してみましょう。

ミニマリストと呼ばれる人たちが自分の周囲から余計な持ち物を減らし、集中力をコントロールしているように、聞き手の注意が一点に向くよう環境を整えていくのも、影響力を高めたい話し手が覚えておきたいテクニックとなります。

曜日、時間、場所、飲み物を整えて、相手の納得を引き出す

自分の話をしっかり聞いてもらいたいとき、相手によく理解してもらって次の行動につなげたいときなどは、今、紹介したミニマリスト的な環境を作る「アテンション・コントロール」が有効です。

また、可能ならば話す時間もケアしましょう。

相手の判断力が高まり、集中した状態で聞いてもらいたいと思うなら、血糖値が上がり、脳への血流も増え、注意力が高まってくる食後30分以降が狙い目です。

たとえば、職場の後輩に真剣なアドバイスをするなら、ランチを済ませ、少し歩いて腹ごなしの移動をしたあと、なるべく静かな場所でコーヒーなど温かい飲み物を手にしながら、ゆっくりとした口調で話しましょう。

ちなみに、温かい飲み物を勧めるのは口と手から伝わる温かさが対話する相手の印象をよくしてくれるからです。不思議なもので、カリフォルニア大学サンディエゴ校の研究によると、**冷たい飲み物を手にしていると話している相手のネガティブな印象に注目するようになり、温かさを感じているとポジティブな印象が膨らんでいく**ことがわかっています。

また、人間の注意力にはアップダウンがあり、いつも一定ではありません。**週末が休日**

注意を集めたいときは、事前に環境をチェック

温かい飲み物と一緒に
騒音などがない場所
食後30分以降
金曜日（休日前）の午後
快適な温度
スマホテレビなどはOFF

気をそらす外部環境がないかどうか、場所・日時・室温などまでマネージメントできると、自分の話をちゃんと聞いてもらいやすくなる

のビジネスパーソンの場合、1週間のうち月曜日の朝が最も注意力が低くなり、金曜日の夜が最も高くなります。理由は単純で、仕事のプレッシャーから解放され、休日が待っているからです。

そう考えると、後輩に真剣なアドバイスをするベストなタイミングは、金曜日のランチ後だと言えるでしょう。

このように、同じメッセージでも環境次第で聞き手への浸透度は大きく変わってしまいます。無意識を動かし、影響力を高めるためには、話の内容だけでなく、周辺環境にも目を向ける必要があるのです。

聞かせたくない話をしなければいけないときは、注意力に揺さぶりを

「アテンション・コントロール」は相手の注意をそらす方向にも活用できます。

こちらの話す内容、スピーチの論理展開が磨かれている場合は相手の注意力が増しているほど説得しやすくなりますが、論理的におかしな点があるとき、突っ込みどころが多い場合には逆に反感や疑念を持たれることになります。

たとえば、プレゼンや上司への報告、あるいはプライベートで人を説得する場面などで「ここはデータが少ない」「ここはエビデンスが乏《とぼ》しい」「この話題はあまり気にせず、結論だけを受け入れてくれないかな」といった部分があったとしましょう。

つまり、自信のない論点についてスルーしてもらいたい。そんな願いもアテンション・コントロールをうまく使えば、クリアできます。

ポイントは意図的に聞き手の注意力を下げること。来場者の注意力や判断力を低下させる狙いを持つ集まりでは、会場の室温を高くし、人々を密集させ、大音量で音楽を流すと

いう例を紹介しましたが、こうした気をそらす環境づくりも有効です。

たとえば、上司から「後輩に仕事の説教をしておくように」と言われ、汚れ役を引き受けざるを得ないようなケース。上司には何らかのアクションを起こした報告をしなくてはいけないので、会って話した事実が重要なのであれば、できるだけざわざわした店を選び、後輩を連れていきましょう。

昭和の赤ちょうちん的な居酒屋で酎ハイを飲みながら、改善すべきことを伝えつつ愚痴も言い合い、「まあ、がんばろう」と。注意力が散漫になる環境ですから、あなたから注意を受けたことによる悪印象は後輩に残りません。

しかも、極端に嫌われる態度を見せなければ、単純接触効果が働いて後輩からのあなたへの好感度はむしろ上昇。上司には「2時間話してわかってくれました」と報告できます。

重要なのは、聞き手の注意をそらすことです。

- プレゼンであれば、論の弱いところで照明を落とし、プロジェクターに写真や図版を映す
- 上司への報告であれば、個室ではなくオフィスフロアで上司が忙しくしている時間帯

にあえて時間を取ってもらう

アテンション・コントロールを使えば、相手にあなたの論点で一番強く印象づけたい部分を強調することもできれば、逆に注目してほしくない部分をスルーさせることもできるのです。

ネガティブで注意を集めて、ポジティブで納得させる

もう1つ、別のアプローチでの「アテンション・コントロール」の使い方を解説します。

コミュニケーションを取る環境ではなく、話の組み立て、伝えるメッセージの順番に気をつけ、相手の注意を引きつけるやり方です。

ロンドン大学が過去に行なわれた「影響力」と「説得力」に関する約300件の文献をレビューし、他人に影響力を与えるために必要な要素をまとめた研究によると、**「同じメッセージを伝えるときは、ネガティブな情報よりもポジティブな側面を強調したほうが人**

は納得しやすくなる」ことがわかっています。

しかし、感情の伝播《でんぱ》力を調べた研究では**ポジティブな感情よりもネガティブな感情のほうが、6〜7倍の伝播力がある**ことも確かめられています。人はポジティブとネガティブなら、ネガティブな情報に注意を向けやすいのです。

- 納得しやすいのはポジティブな情報
- 注意を向けやすいのはネガティブな情報

この2つは、一見矛盾しています。

では、このロンドン大学の研究の成果はどのように活用すればいいのでしょうか。

そのポイントとなるのが、**ネガティブで注意を集め、ポジティブで納得させる**ことなのです。

「あなたの仕事の仕方は、時代遅れかもしれません。でも安心してください。流行が巡るように、芯のある時代遅れの取り組みは『古典』として再評価されるときが必ずきます」

「あなたは口にしていませんか？　婚活では、絶対に言ってはいけない5つのNGワードがあります。聞いた途端、相手の気持ちが冷め切ってしまう言葉ですが、実は『なぜ、言ってはいけないか』を理解すると、劇的にあなたの印象をよくすることもできるのです」

「5000万円の損を抱えたとき、もう株はやめると決めました。でも今、その心境は大きく変化しています。株式投資が悪かったのではなく、私のやり方に問題があったと気づいたからです。今日は、損をする痛みとともに身につけた投資の手法についてお話しします」

語り始めにネガティブ目線の表現を入れることで、聞き手の注意を引くことができます。「どうなの？」「どうなるの？」と一旦落とし、「こんなふうに思ったことはありませんか？」「うん、あるある」とネガティブな共感を集めます。

すると、聞き手の心に「どうしよう？」という不安が顔を出します。そこで、「でも安心してください」とポジティブな解決策を提示し、「気づいたあなたは大丈夫です」という流れに持っていきましょう。

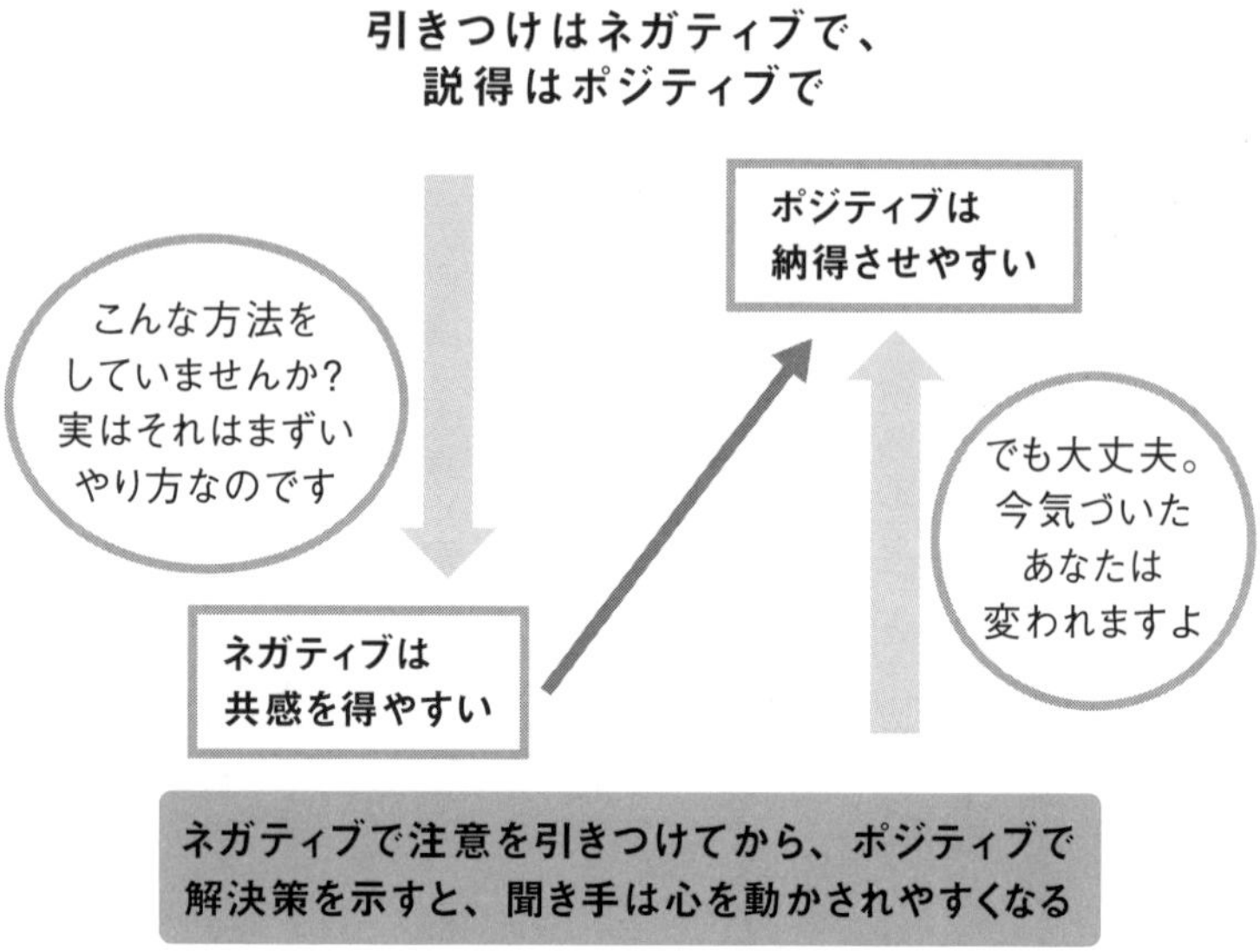

引きつけはネガティブで、
説得はポジティブで
こんな方法をしていませんか?実はそれはまずいやり方なのです
ネガティブは共感を得やすい
ポジティブは納得させやすい
でも大丈夫。今気づいたあなたは変われますよ
ネガティブで注意を引きつけてから、ポジティブで解決策を示すと、聞き手は心を動かされやすくなる

アドルフ・ヒトラーの演説も基本構造は同じです。

「ドイツ国民は過酷な状況にいる」とネガティブな指摘で共感させ、注意を引きつけ、最後は「我々はすばらしい民族だから、行動を起こせ、未来は明るい」とポジティブなビジョンを見せることで聴衆を動かしていきました。

身近なところでは、占い師の話法もこの組み立てになっています。

「あなた、このままだと死ぬわよ」「結婚、今のままじゃ無理ね」「あなた、転職を考えているでしょう?」など、ネガティブなつかみで相談者をドキッとさせたあとで、「ここから運気が変わる」「こういった行動を心がければ出会いがある」といった転換点を用意し、ポジティブな展開に持っていきます。

大事なのは、ネガティブなまま話を進めないこと。必ず途中でポジティブに転じてください。この組み立てを心がけることで、同じ内容でも与える印象を大きく変え、記憶に強く残り、聞き手の無意識に働きかけることができるのです。

ポイント……

説得したいときは、環境整備とネガポジのアップダウンで注意を集め、都合の悪いときは、気をそらす要素をそろえて注意力を下げる。

メソッド

5

相手と場に合わせ、「声」と「口調」を使い分ける

無意識を操る最後のテクニックとして、「声」と「口調」について解説します。

というのも、**人は誰かの話を聞くとき、内容だけでなく、話し手の外見、声や口調からも影響を受けている**からです。

この人の話は信用できるか、集中して耳を傾ける価値があるのか。特にスピーチの前半、会話のキャッチボールの序盤では、語られる内容の良し悪しを意識的に判断することは困難です。その分、**話し始めの時点では話し手の声、口調が重要な判断材料となる**のです。

その事実を裏づける研究もあります。

２０１６年にイリノイ大学が「他人を自分の意見に賛同させるためには何が必要なのか」を調べたもので、１９１人の男女を集めて次のような実験を行ないました。

全員に対して、「月に旅行へ行く場合、トラブルに備えて、何を持っていくべきか？」という質問を投げかけ、自分なりの答えとその理由を考えたうえでディスカッションをしてもらったのです。

このとき研究チームがチェックしたのが、次の2つのポイントでした。

1. 参加者が「私は○○を持っていくべきだと思う」と主張し、他の人をどれだけ賛同させることができるのか
2. その賛同を得るために役立った要素が、内容の納得感によるものなのか、声や口調によるものなのか

この2点を調べるため、ディスカッションの様子をすべて動画で撮影。意見を言う参加者の声、口調の変化を音声解析ソフトで分析しました。

つまり、「無人島に何か1つだけ持っていくなら？」的な質問をして、「俺はこれを持っていく！」「私はこれを持っていくべきだと思う！」とプレゼンしてもらい、声や口調によって相手が説得に応じる可能性が変わるのかを調べようとしたわけです。

こうした条件の場合、一般的には、何を持っていくかのアイデアと理由が大切で、それ

が説得力に大きく関わってくると考えるでしょう。

月旅行という非現実的な状況設定を活かし、ユーモアを感じさせながら「なるほど」と思わせるアイテムを選ぶことができれば納得度は高くなると考えられ、一方で説明するときの声や口調はさほど意識されないものです。

ところが実験の結果、話し手が最初の1語目から3語目を発する際に声の高さと口調を大きく落とすと、話の内容にかかわらず多くの聞き手が納得し、賛同しやすくなることがわかりました。

1語目ははっきりと高い声で発声し、3語目は低くゆっくりとした口調に。この変化によって話し手の威厳が増し、聞き手の注意を集めたのです。

時間にしてわずか3秒。研究チームの音声解析によると、話し始めの3秒の間に声の高さと口調を変化させることが、説得力に大きく影響していました。

ちなみに、**その影響度はおよそ5~8%**。大したことのない数字に思えるかもしれませんが、話の内容と関係なく、話し始めの声と口調を変えるだけで確実に説得力、影響力が増すと考えれば、使ってみて損のないテクニックです。

自分の発する声と口調の質について意識的なコントロールを

話し始めの「3秒」は実験による特殊なシチュエーションから出てきた数字です。日常的にこのテクニックを使うなら、3秒にこだわらず、あなたが相手の心に残したい言葉、核心となるメッセージを発する前に、声と口調の変化を盛り込んでいきましょう。**あいさつや雑談、前後の説明では普段通りにしゃべり、自分が最も伝えたいこと、相手に覚えてもらいたいことを話すときに低い声、ゆっくりした口調に変える**のです。

このテクニックはオンライン会議でも役立ちます。モニターを通して複数の人と向き合うため、外見や見た目の影響は減少し、その分、声や口調の重要度が増します。もし、**あなたが会議の主導権を握る、もしくは参加者に「あの人はいい発言をした」と印象づけたいのなら、誰よりも先に発言しましょう。**

オンライン会議に限らず、会議では最初に発言した人が重要人物だと認識されやすいことがわかっています。直接同じ場所を共有しないオンラインだからこそ、最初に声を発することが存在感のアピールにつながります。

その際、最初の1語目から3語目を発する際に、**「こんにちは（明るく）、今日は、私から提案が1つあります（声は低めに、口調はゆっくり）」**といった具合に、声の高さと口調を大きく落とすようにしましょう。

これで参加者の注意はあなたに向かい、発言内容がよほど意味のないものでない限り、発言者として好印象を残すことができるはずです。

オンラインでも、対面でも、どんなに優れた内容を話していてもボソボソとした声では聞き手に伝わりませんし、緊張の伝わる早い口調になっていたら説得力が低下します。

話す環境を整えるのと同じように、発する声と口調の質について意識的にコントロールし、演出していくことが大切です。**特に話し始めの3秒**、**重要なメッセージを発する直前での声と口調の変化**を意識すること。たったそれだけで説得力、影響力の高い会話、スピーチを行なうことができます。

早く話すのがいいのか、ゆっくりと諭すように語るべきなのか

続いて、話すスピードについて解説します。

あなたは、早口でまくしたてるように話すのと、ゆっくり諭《さと》すように語りかけるのでは、どちらが説得力、影響力のある話し方だと思いますか？

これは一長一短、**どちらにもメリットとデメリットがあります。**

原則として、相手と環境に合わせることが重要です。

たとえば、あなたが客として新規開店したばかりの居酒屋に入り、明るく高い声の早口で「いらっしゃいませーー！」と言われれば、「いい店かも」と好印象を受けるはずです。

でも、老舗の高級料理店を予約してデートで訪れたのに、いきなり「いらっしゃいませーー！」と迎えられたら、場違いで不安になります。

あるいは、偶然、街で親しい友達とばったり会ったら「うわ！　久しぶり！」「ホント、

話すスピードと声の高さで、印象を演出できる

早口×高い声	ゆっくり×高い声
元気のよい印象や明るさを聞き手に与える	聞き手におおらかな印象を与え、安心感を抱かせる
早口×低い声	**ゆっくり×低い声**
有能さや賢い印象を聞き手に植えつける	落ち着きや真剣さを聞き手に感じさせる

偶然だね！」と高い声でのあいさつから、早い口調での会話が始まります。

そこでもし、「うわ！　久しぶり！」と声をかけられた側が、「うん、こんなこともあるんだね」と低い声でゆっくりと応えたら、相手は「話しかけられたくなかったのか？」「まずいことしたかな？」「最後に会ったとき、ケンカしたっけ？」と気まずく感じるはずです。

早口と高い声の組み合わせは、元気のよさや明るさを、早口と低い声の組み合わせは、有能さや賢さを演出してくれます。

一方、**ゆっくりした口調と高い声の組み合わせは安心感やおおらかさ**を、**ゆっくりした口調と低い声は落ち着きや真剣さ**を演出してくれます。

これが相手との関係性や話をしている環境、状況

と一致しているとメリットとして働き、大きくズレているとデメリットとなってしまうのです。

実際、これまで声の高低と会話の速度が相手に与える影響力に関する研究は数多く行なわれていますが、**どんな環境、状況でも通じる傾向は出ていません。**これは相手と環境によってメリット、デメリットが変化してしまうからです。

味方にはゆっくりはっきり、敵対する相手には早口で

たとえば、1976年にサザンカリフォルニア大学が行なった実験があります。

同じ話し手が同じ内容を1分間に195語というかなりの早口で話した場合と、1分間に102語のゆっくりしたペースで話した場合で、聞き手が受ける印象を比較しています。

すると、**早口の場合は情報の信頼性が高い印象が増し、結果的に聞き手に対する影響力も上がる**ことが確認されています。これは早口で話すことによって、話し手の自信や知性、知識量の多さが際立ち、聞き手は客観的で有益な情報に触れたように感じるからです。

相手や状況によっても、
早口とゆっくりの使い分けを

相手があなたの話の情報をすでに知っている・賛成の場合

早口＜ゆっくり

落ち着きや真剣さを届けやすく、説得力、影響力ともに増す

相手があなたの話の情報を初めて聞く・反対の場合

ゆっくり＜早口

話し手の自信や知性、知識量の多さが際立つとともに、反論を思いつく余裕を与えないので、説得されやすい

しかし、説得力、影響力を高めるには常に早口が有効かと言うと、そうではありません。

1991年にジョージア大学が行なった実験を見てみると、**話し手の話す内容が聞き手にとって望ましいもの、すでに賛成していることの場合は、早口よりもゆっくりとしたトーンのほうが説得力、影響力ともに増す**ことがわかっています。

逆に聞き手にとって反対意見や初めて知る内容の場合、ゆっくりのトーンは反発を起こしやすく説得力が低下。早口のほうが説得の可能性が上昇し、影響力も強くなりました。

つまり、**早口のメリットが大きいのは、**

相手が初めて聞く情報、反対意見や反論であり、**ゆっくりの語り口が向くのは、相手が知っている情報、賛同意見**ということなのです。

では、なぜこうした違いが生じるかと言うと、気に入らない考えや情報をゆっくりとした口調で伝えられると、聞き手はその間に自分の意見を正当化していくからです。時間が相手に余裕を与え、反論する余地を作り、結果として影響力が低下するのです。

一方、早口で情報を詰め込まれると、ついていくのに精一杯になり、反論する余裕がなくなるというわけです。

言い方を変えれば、**味方にはゆっくりはっきり**と話し、**敵対している相手、新しく出会った人には早口でよどみなく**しゃべることで影響力を発揮することができます。聞き手との関係性を踏まえて、話すスピードを使い分けていきましょう。

ポイント

話をするときは、自分の声の高さとスピードをコントロールする意識を持つと影響力を上げることができる。

5つのメソッドを組み合わせることで、その効果はより強くなる

私は、配信している動画の中では、早口を基本としています。これは視聴してくださるみなさんが敵か味方かということではなく、発信している情報がほとんどの人にとって初めて聞く内容だからです。

しかも、論文をベースにしていますからバラエティ色の強いチャンネルなどに比べると、明らかに情報の難易度も高くなっています。

ですから、**早口で「たとえ話」と「ストーリー」を盛り込んだ「反復」を行ない**ながら、**論文の出典を明らかにして「権威」の力も借り**、余計な編集をせずに**一気に語ることで「アテンション・コントロール」を行ない**、聞き手一人ひとりの記憶に残るよう工夫をしています。その結果、**「スリーパー効果」が働き**、YouTubeチャンネルの登録数も、ニコニコ動画の会員数も増え続けたのです。

逆にテレビに出演するときや他のYouTuberの方とコラボするときは、意図的に話すスピードを落としています。

これは1人で話す自分のチャンネルとは違い、共演者の方々という味方がいる環境ですから、ゆっくり話すことで説得力を高めているのです。

歴史に名を残している名演説家と呼ばれる人たちは、当然のように「声」と「口調」のコントロールを実践しています。

自分に賛同してくれる支持者の集まる集会では、ゆっくり打ち解けた雰囲気で話し、それでも重要なポイントでは抑揚の変化でインパクトを出す。

1対多数で反対派や中立派のいる場では話すスピードを上げ、自身の主張を理路整然と述べ、聴衆の共感を誘うようなたとえ話を入れながら、まるで1対1での対話のような雰囲気を演出していく。

また、ある著名なプロパガンディストは大衆を扇動するに当たって、聞き手の判断力、注意力が低下する仕事終わりの夕方から夜の時間帯に演説を行ない、ワンフレーズで伝わる端的なスローガンを早口でまくし立てていきました。

「反復」と「アテンション・コントロール」に「声」と「口調」を組み合わせ、反論の余地を与えず、聞き手の無意識を操っていったのです。

2章で紹介した**5つのメソッドは単独でも効果を発揮しますが、組み合わせることでより強力になります。**

1対1、1対多数、馴染みのコミュニティ、アウェー感のある場など、あなたが話をする状況に合わせて使いやすいメソッドを組み合わせ、聞き手の無意識に働きかけていきましょう。

3
章

人・集団を動かす6つのトリガー

聞き手を行動へと促す、最後のひと押し

メンタリズムや大衆扇動について学ぶ人の間では、知らない人はいないエリック・ヤン・ハヌッセンというメンタリストがいます。

彼は19世紀の終わりに生まれ、20世紀初頭にはヨーロッパで著名人となり、アドルフ・ヒトラーに演説や心理学の手ほどきをし、参謀役としてナチス・ドイツの勢力拡大に力を貸したあと、ヒトラーとナチスの幹部に恐れられ、1933年に謀殺されました。

本名はヘルマン・シュタインシュナイダー。チェコ系ユダヤ人だと伝えられています。

彼は人を動かす最善の方法は、**相手の心の中に強い欲求を起こさせること**だと知っていました。そして、その欲求の火種が大きな炎に育つよう、人を、そして大衆を扇動していったのです。

もちろん、あなたがエリック・ヤン・ハヌッセンのようなメンタリストになる必要はあ

りません。

ただ、1章での学びを生かして「信用」と「関係性」の土台を築き、2章で解説した聞き手の「無意識を操るメソッド」を駆使することで、あなたは聞き手を望む方向へ動かす準備を整えたと言えます。

何万人もの人の心を動かす必要はなくとも、身の回りの数十人、本当に重要なキーパーソン1人に影響力を及ぼすことができれば、あなたは職場や属するコミュニティなどで主導権を握ることができるようになります。

また、自分がやりたい仕事、実現させたい夢や希望を、周りの人にとっても重要なものだと感じさせ、彼らをファンにし、応援してもらえるようにもなるでしょう。

「信用」と「関係性」の土台を築き、「無意識を操るメソッド」を駆使できるようになったら、**次に必要になるのが、仕上げのひと押し**です。

- 踏み出す勇気を持てずにいる相手に安全な道筋を見せてあげること
- すでに踏み出している一歩が、二歩目、三歩目となるよう促す後押しをすること
- 動き出したことを称賛し、さらにモチベーションを上げてもらうこと

ここまでくると「きちんと話せば人は動く」というルールが機能し始めます。

きちんと道筋を示し、後押しをして、褒め称《たた》えれば、人はあなたからの影響力によって動かされるのです。

私がパフォーマーとしてのメンタリストをやめてから、多くの本がベストセラーとなり、YouTubeのチャンネル登録数が230万人を超え、知識のNetflixを目指して作った動画配信サービス「Dラボ」に約8万人もの会員を集めているのは、まさにこの仕組みをよく理解しているからです。

「信用」と「関係性」の土台の上に無意識を操ることで築いた前向きな感情。これを論理的に正しい引き金によって後押ししていきます。

では、これから聞き手を行動へと促す6つのトリガーについて解説していきます。

ポイント

聞き手に強い欲求を起こさせることができると、その相手を望む行動へと促すことが可能になる。

トリガー

1 同情

1つ目のトリガーは**「同情」**です。

「同情を引く」と聞くと、お涙頂戴のチャリティー番組のようであざといイメージを持つかもしれません。しかし、心理学の研究では聞き手が話し手に同情心を抱いているとき、相手の話に対する理解度が上昇することがわかっています。

なぜかと言うと、**同情心は共感能力を高めてくれる**からです。

聞き手の心はこんなふうに動いていきます。

同情心を引き起こすようなストーリーに触れる

←

「大変だ」「かわいそう」「その気持ちわかる」と話し手の話に注目する

同情によって共感能力が上昇　←
話し手の話にしっかりと耳を傾ける　←
深く理解し、協力を申し出る　←

お涙頂戴のチャリティー番組になんとなくあざとさを感じるのは、演出する側がこの仕組みを巧みに使っているからです。こういった番組では、多種多様なパターンの同情心を引き起こすようなストーリーが放送されます。

そしていくつか目にする中に共感する題材があると、視聴者は番組に引き込まれ、チャリティーに協力するといった行動を促されるのです。

ただ、テレビ番組は放送終了の時間がくれば終わります。そこで、同情心の魔法は解け、テレビの前にいる視聴者は少し置き去りにされたような感覚を味わい、それがなんとなく騙されたような印象に変わっていくのです。

とはいえ、同情心を引く仕組み自体は有効で、私たちは翌年もまた、共感できるストーリーを目にすると引き込まれてしまいます。

あなたがこの「同情のトリガー」を使ううえで覚えておいてほしいのは、聞き手は同情心を引き起こされたことで、共感能力が上がり、話を聞く状態になっているのだということ。決して彼らは**同情して味方になってくれるのではなく、聞く状態が整ったあとに耳に入ってきた話に納得したから行動を起こしてくれる**のです。

同情を引くストーリーがいかに完璧であっても、そのあとに語る内容がお粗末なものでは聞き手は動きません。

「同情のトリガー」は、聞き手の聞く力を高めるために役立つのです。

「同情のトリガー」で聞き手の準備が整っていく

2015年にカリフォルニア大学が100人の男女を集め、大勢のオーディエンスを前にスピーチをしてもらうという実験を行なっています。

この実験では、スピーチをする被験者の男女を2つのグループに分類。一方には、研究者たちが「冒頭でオーディエンスの同情を引き出すほうがスピーチはうまくいきます」とアドバイスをし、もう一方のグループには「常に論理的なスピーチを心がけてください」と伝えました。

「オーディエンスの同情を引き出すほうがうまくいく」と指示されたグループのスピーチでは、冒頭で「奨学金の支払いが残っていて苦しい」「母が倒れ、自分の生活費以外に入院代も払っているんです」といった同情を引くストーリーが語られました。

結果は明らかで、**同情を誘ったグループの成績は大きく向上し、オーディエンスから「あの人のスピーチに影響をされた。感銘を受けた」という感想が届いたのです。**

しかも、その数は論理的にスピーチをしたグループに比べて2倍。言い換えるなら、**「同情のトリガー」を引くだけで、オーディエンスを2倍も説得しやすくなる**のです。

実際に同情のストーリーを語るときは、**情報を少しずつ出しながら、聞き手の感情を細かく揺さぶっていく**よう心がけてください。

「母親が病気になっていてそれを助けたい。だから勉強しているんです」など、骨子をまとめて表面的に話してしまうよりも、子どもの頃の母親との思い出、心ない言葉で傷つけ

「同情」は、「論理」よりも人に伝わる

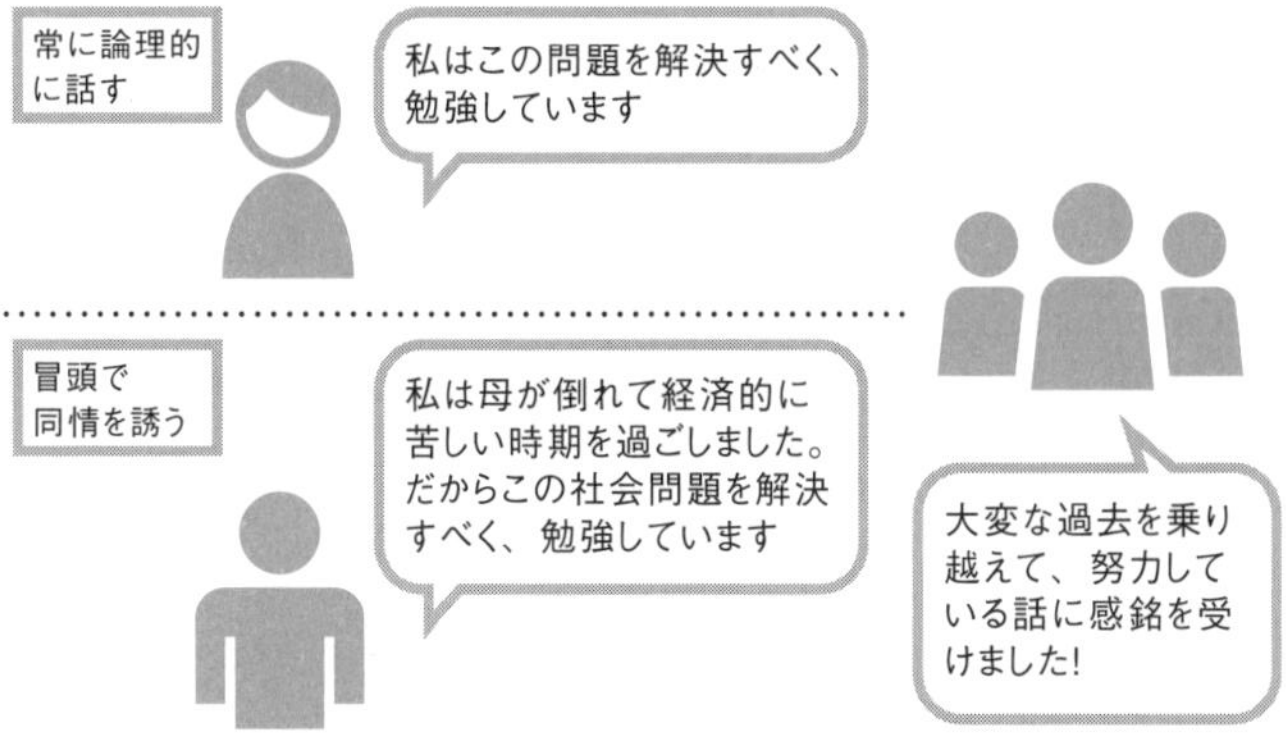
常に論理的に話す
私はこの問題を解決すべく、勉強しています
冒頭で同情を誘う
私は母が倒れて経済的に苦しい時期を過ごしました。だからこの社会問題を解決すべく、勉強しています
大変な過去を乗り越えて、努力している話に感銘を受けました!

同情はコミュニケーションと情報処理を円滑にする力があると言われ、実際に論理的な話のみの場合と比べ、聞き手を２倍も説得しやすくなる

てしまったエピソードなどを重ねながら、「大好きだった母が病気になってしまいました。治療費を捻出して母を助けたい。そのためにも学校で勉強したい。奨学金が必要なんです」というストーリーに仕立てていきましょう。

　すると、聞き手の心はより動くようになります。

　また、研究チームは「聞き手に同情心が生まれると、よりコミュニケーションと情報処理がスムーズになる。そのため、今の状況を客観的に見つめられる心理状態となり、さらにクリエイティブな解決策も出やすくなる。同情心とは、ある意味では社会的な潤滑油なのだ」とも指摘しています。

　とはいえ、自分には聞き手の同情を引く

ようなストーリーがないという場合は、失敗談や後悔していることを話の枕に持っていきましょう。

たとえば、職場で後輩に仕事への真面目な取り組みを促したいのなら……。

「会社に入って2年目の話だけど、私の確認ミスで取引先の商品を大量廃棄させることになってしまって。当時の上司、取引先の担当者も巻き込んでの大騒動に発展してね……」

「新人研修でも一緒だった仲のいい同僚がいてね。ただ、3年目に会社を辞めてしまった。あとから聞いたら、部署の上司からパワハラを受けていたんだよ。なんで気づかなかったのか、何かできなかったのか、今も後悔している」

このように自分に置き換えて想像できるストーリーを用いると、後輩の聞く状態が整っていきます。なぜ、ストーリーが聞き手の興味を引きつけるかについては2章の「反復」でも触れた通り、私たちの脳は物語を理解し、記憶しやすい性質があるからです。

同情心が起きて親近感が湧くと、その先の話を知りたくなり、情報処理とコミュニケーションがスムーズに行なわれるようになります。

ちなみに、失恋ソングが流行するのも、この仕組みに則っているためです。

誰もが大なり小なり経験したことのある失恋の痛みを思い出させる歌詞が、同情心を引き起こし、聞き手を共感させ、アーティストからのメッセージをしっかりと理解させて、人々の記憶に残るのを助けます。

そして人は、「自分の記憶に残っているもの」に価値を見出し、それを「多くの人が知るべきことで、広めるべき情報だ」と考えて、流行をさらに大きく広げていくのです。

「同情のトリガー」は、企業も使っている

「同情のトリガー」という視点で広告を見ていくと、**企業がこの仕掛けをイメージアップのために使っている**ことに気づきます。


「売上の一部を恵まれない子どもたちに寄付します」

「フェアトレード（発展途上国で作られた作物や製品を適正な価格で継続的に取引するこ

とによって、生産者の持続的な生活向上を支える仕組み）で作られました」
「この商品にはレッドカップキャンペーンのマークがついています。購入されると、子どもたちを救う給食支援につながります」

こうしたコピーに、貧困問題の当事者である子どもたちの写真や動画、不公平な貿易の仕組みを図案化したメッセージ性のあるイラストを合わせると、消費者の持つ企業イメージに好影響を与えることができます。

もちろん、支援は社会的に意義のあるすばらしい行為です。ただ、それを企業が積極的に行なう背景には「同情のトリガー」の持つ力も関係しています。

彼らは**売上の一部を社会へ還元する援助に回すことによって、「消費者の記憶に自分たちのよいイメージを強く残す」というメリットも受け取っている**のです。

ポイント

同情を上手に誘えると、
聞き手からの共感を得やすくなるとともに、
聞き手の記憶によい印象を残すこともできる。

トリガー

2 アイデンティティ・ラベリング

2つ目のトリガーは、日頃のあなたの言い回しの一部を少し変えるだけで聞き手の行動を後押しする効果が得られる**「アイデンティティ・ラベリング」**です。

2004年、共和党のジョージ・W・ブッシュ大統領が民主党のジョン・ケリー候補を僅差で破ったアメリカ大統領選挙に合わせて、スタンフォード大学である研究が行なわれました。

研究チームは、大統領選挙の一般投票日の前に、実験の参加者へ次の2つのパターンの質問をし、これによって行動パターンが変わるかどうかを追跡調査したのです。

1「明日の選挙で1票を投じることは、あなたにとってどれくらい重要ですか?」
2「明日の選挙で投票者になることは、あなたにとってどれくらい重要ですか?」

質問の内容はまったく同じです。

「選挙で投票することをどれくらい重要だと考えているか？」を聞いています。異なる点は「1票を投じること」と「投票者となること」の言い回しです。

❶の「1票を投じる」は、投票権を行使することを動詞で表現しています。

❷の「投票者となること」は、投票権の行使を名詞で表現しています。

研究チームの狙いは、**動詞と名詞で問いを投げかけたとき、どちらのほうが投票権を意識して、実際に投票するという行動につながったかを調べること**でした。

翌日、参加者の取った行動を追跡したところ、両方のグループには大きな違いが出たのです。名詞で質問された❷のグループは、動詞で質問された❶のグループに比べ、投票所に出向き、投票した割合が11％も高くなりました。

つまり、**聞き手に特定の行動を起こしてもらいたいときは、名詞で呼びかけると影響を及ぼせる可能性が上がる**のです。

相手の行動を促したいと思うとき、私たちは基本的に「〇〇を買いましょう」「アイデアを出しましょう」など、動詞で伝えようとしてしまいます。

しかし、実際には「購入者になりましょう」「発案者になりましょう」と、名詞で呼びかけたほうが効果的だったのです。

人はラベリングされたアイデンティティに近づこうとする

名詞のほうが動詞よりも大きな影響力を発揮するのは、聞き手のアイデンティティをはっきりさせるからです。

「票を投じる」はあなた自身とは分離した行動の説明ですが、「投票者」はあなた自身を指す言葉となり、本人の役割が明確になります。

こうして**アイデンティティ・ラベリングを施されると、聞き手は提示されたアイデンティティに沿った存在にならなくては……という義務感を覚え、行動が促される**のです。

たとえば、あなたがスポーツジムのトレーナーだとして、会員に筋トレを継続してもら

行動させたいなら、
呼びかけは「名詞」で

○ 名詞表現	× 動詞表現
投票者になりましょう	1票を投じましょう
細マッチョになりましょう	筋トレを続けましょう
あなたが洗濯係ね	あなた洗濯してくれない？
課のMVPになれよ	仕事がんばれよ

実際に行動に起こす率が、
動詞表現に比べて11％も上昇

自分と分離した行為を示す動詞よりも、自分自身を指す名詞でのラベリングは、相手の中に義務感や責任感を生みやすい

いたいなら、「筋トレを週に3回続けましょう」と言うよりも、「週3回の筋トレで、細マッチョになりましょう」のほうが効果的な伝え方となります。

影響力という意味でアイデンティティ・ラベリングのすばらしいところは、**聞き手に強制された感覚を与えずに、義務感を持たせることができる点**です。

家事をあまりしてくれないパートナーに「洗濯だけもしてくれない？」と切り出すくらいなら、「あなた、明日から洗濯係ね」と任命してしまいましょう。

部下の営業成績を伸ばしたいなら、「がんばれよ」と励ますよりも、「今年は課の年間MVPになれよ！」と発破をかけたほうがアイデンティティ・ラベリングになります。

ところで、あなたは先程のスタンフォード大学の研究の結果を見て、「行動が変化する割合は11％……たいしたことないな」と感じたかもしれません。

しかし、ちょっとした言い方、伝え方を変えるだけで、あなたが聞き手に及ぼす影響力が11％もアップするのです。

しかも、**アイデンティティ・ラベリングは自分の目標達成にも活用できます。**

たとえば、『ＯＮＥ ＰＩＥＣＥ』のルフィが宣言する「海賊王に、俺はなる！」も見事なアイデンティティ・ラベリングのトリガーです。

もし、あなたが昇格試験や資格試験の勉強をしているなら、「帰宅後の1時間、私は勉強家になる！」とスケジュール帳に書き込み、自分に宣言しましょう。

それだけで机に向かう後押しとなります。

ポイント……

問いかけやお願いは、名詞表現で行なうと、役割として相手に無意識に義務感を持たせ、行動を促すことができる。

トリガー

3 公平性

3つ目のトリガーは**「公平性」**です。

ここで言う公平性とは、**物事を最低でも2つの視点から見て話すこと。**聞き手は偏った一面を強調する話し手よりも、多面的に語る相手を信頼する傾向があります。

では、多面的な語り方とはどんなものか、1つ例を示してみましょう。

私のニコニコ動画のチャンネル「メンタリストDaiGoの心理分析してみた！」のメインコピーは「科学的根拠《エビデンス》ありますか？」です。

私は科学的な裏づけのある話、エビデンスを重要視する一方で、動画や講演、取材などで「科学は万能じゃないですよ」とも言っています。それは本書でも繰り返したように、人間は感情で動くことを知っているからです。

たとえば、私たちの脳は誰かを好きになり、恋に落ちると、20カ所以上の部位が過度に活性化して興奮状態に陥ります。脳神経科学の研究によると、これは恋愛初期の一定期間続き、その間、判断能力をはじめ、状況を客観的に見る力も注意力も大きく乱れてしまいます。言わば、お酒による酩酊《めいてい》に近い脳の状態で、恋に落ちた男女はチンパンジー並みの判断力しかなくなっているのです。

しかし、こういったエビデンスを理解していても、私たちは恋に落ちれば混乱します。好きな人に振り向いてもらうために必死になり、判断を誤っては落ち込み、相手の笑顔を見ては有頂天になり、仕事が手につかない状態にもなります。

それは私も同じです。相手の心理を読み、ババ抜き対決では絶対に負けないメンタリストも、好きになった女性の心を見通すことはできません。脳が興奮状態に陥ってしまえば、蓄えている科学的知見も一時的に役立たずになってしまうからです。

やはり科学は万能ではないのです。

では、恋愛において科学は不要か？　と言えば、そうではありません。

「今、自分はチンパンジー並みの判断力になっている」と自覚していれば、失態を最小限に抑えることが可能になり、逆にどれだけしくじっても「それだけ相手のことが本気で好きなんだ」と自分を励ますこともできます。

つまり、科学的知見があれば、過去の自分、今の自分がどのような状態にあるのかを観察し、この先、どう変化していくのかを推測して、ベターな選択肢を見つけることができるのです。

いかがでしょうか？　ただ「科学は万能」とだけ言われるよりも、科学の有用性について真実味を持って感じられたのではないでしょうか。

最終的には、自分の主張である「科学的知見があることの重要性」を説いているのですが、その前に**多面的に語ることで、受け手からは、語り手が公平性を保ちながら話しているように感じられる**のです。

人は「ワンサイド・メッセージ」が強ければ強いほど、疑いの目を向ける

「エビデンスを重要視しています。でも、科学は万能ではありません」
「ベストではないですが、ベターです」

このように、物事にある別々の面を紹介したあと、自分のなりのメッセージにまとめていく**「ツーサイド・メッセージ」**と、異なる意見のどちらかの立場に立って1つの面を強調して勧める**「ワンサイド・メッセージ」**。そのどちらが、聞き手へ影響力を発揮するのかについては長年、多くの科学者が研究を重ねてきました。

その成果と言えるのが、イリノイ大学のダニエル・オキーフ博士の論文です。

この論文は、過去50年のうちに行なわれた107の文献をメタ分析し、聞き手やオーデ

ィエンスが話し手の意見に「賛成している場合」と「反対している場合」という2つの条件下で、ワンサイドとツーサイドのどちらが影響力のある話し方なのかを分析したもの。被験者の総数は2万人を超えていて、かなり確度の高い研究です。

その結果わかったのは、**聞き手やオーディエンスが話し手の意見に賛成でも、反対でも、ツーサイド・メッセージのほうが説得力、影響力ともに高くなる**ということでした。

直感的にイメージすると、聞き手やオーディエンスがこちらの意見に賛成なら、力強くワンサイド・メッセージで押していったほうが場の雰囲気は盛り上がり、その後の行動を促しやすいように思えます。

しかし、**1つの意見だけを強調して伝えると、賛成している人たちであっても不信感を抱く**ようになるのです。オキーフ博士の分析によると、特に聞き手やオーディエンスの教育レベルが高いほど、その傾向は強くなりました。

人の心理は「これしかない！」と言われると、「他にもあるんじゃないの？」と疑念を持つようにできています。これは教育レベルに関係なく共通した反応です。

つまり、話し手がワンサイド・メッセージにこだわればこだわるほど、聞き手は「都合のいいメッセージを伝えようとしている」と解釈し、抵抗感を覚えるようになるのです。

「ツーサイド・メッセージ」は、話し手を「賢く、公平だ」と印象づける

一方、ツーサイド・メッセージには、聞き手とオーディエンスに、話し手のポジティブなイメージを植えつける効果があります。たとえば次のようなものです。

「この人は多くの知識を持っている」
「この人はさまざまな意見を検討したうえで、話している」
「私が公平に選べるよう配慮してくれている」
「新しい見方を教えてくれた」

「Aという見方もありますが、逆にBとする意見もあります。そのうえで、私はこう考えています」と続く**ツーサイド・メッセージは、「公平性のトリガー」となり、聞き手が自ら選んで決断した感覚を高めてくれる**のです。

自分の意図は
「ツーサイド」の中に入れ込む

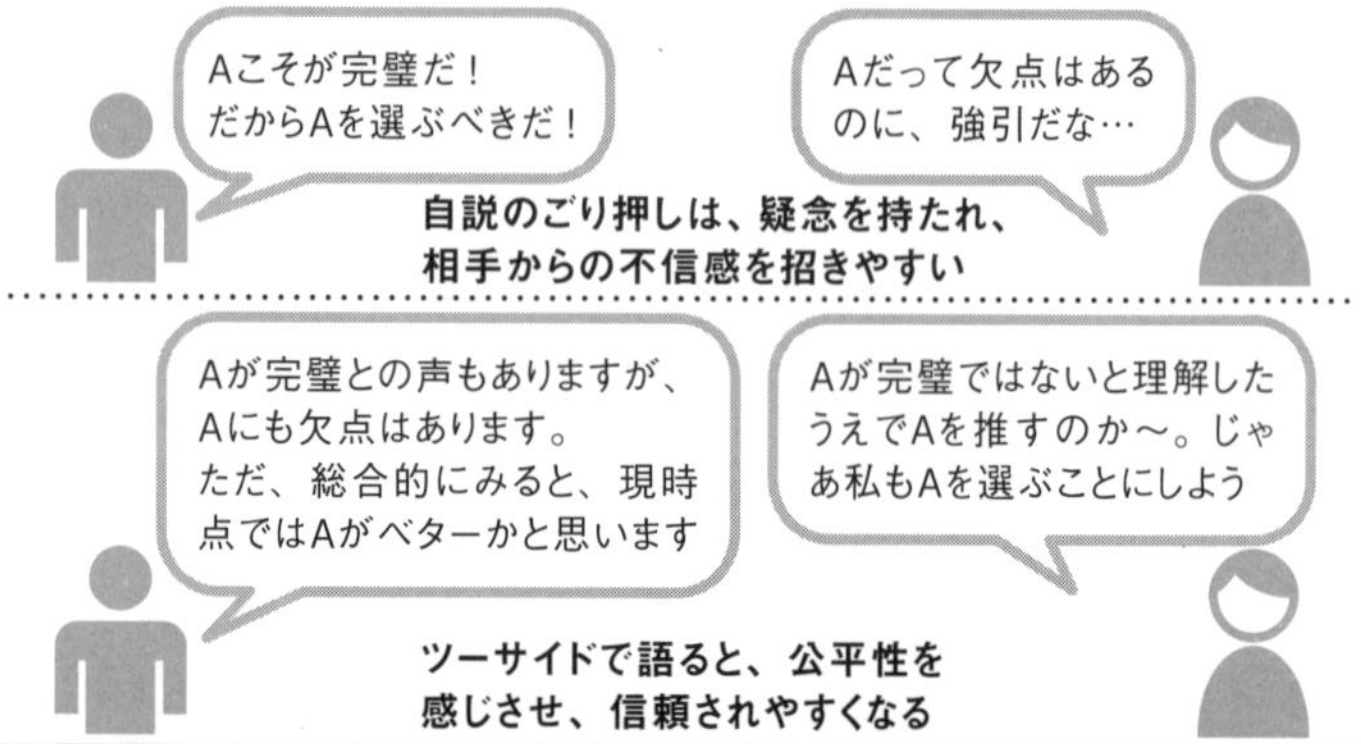
Aこそが完璧だ！
だからAを選ぶべきだ！
Aだって欠点はあるのに、強引だな…
自説のごり押しは、疑念を持たれ、
相手からの不信感を招きやすい
Aが完璧との声もありますが、Aにも欠点はあります。ただ、総合的にみると、現時点ではAがベターかと思います
Aが完璧ではないと理解したうえでAを推すのか～。じゃあ私もAを選ぶことにしよう
ツーサイドで語ると、公平性を
感じさせ、信頼されやすくなる

両面からの意見を拾いながら勧めると、相手はその意見に説得されやすく、しかも自分で決めた感覚も持つので、影響力を発揮しやすい

1章で触れた通り、人は自己選択したことには一貫性を持とうとする本能があります。ですから、**ツーサイド・メッセージに納得した聞き手、オーディエンスは話し手の意図する方向へ行動を促されてしまう**のです。

ただし、説得力、影響力を高めるという意味では、万能に見えるツーサイド・メッセージにも例外が1つあります。それは広告です。

シンプルに考えると、ワンサイド・メッセージの広告は「買わせたいんだろう?」「騙されないぞ」と反発され、ツーサイド・メッセージのほうが効果的なように思えます。

しかし、**広告に関しては、ワンサイドで**

もツーサイドでも説得力、影響力に差は出ませんでした。これは受け手側が「これは広告だから、自分たちに買わせたいモノをオススメしてくる」「説得のためにあの手この手を駆使してくる」と気づいたうえで、向き合っているからです。

最初から公平性が失われているとき、いくら「公平性のトリガー」を装っても効果は得られません。

つまり、**あなたの態度から「聞き手を誘導したい」という本音があからさまに漏れている場合、ワンサイドでもツーサイドでも相手に影響力を及ぼすことはできなくなる**のです。

ご注意ください。

ポイント

多面的に語りつつ、その中に自分の意図を忍ばせると、聞き手は自発的にあなたの示す方向を選択しやすくなる。

4 Why not戦略

4つ目のトリガーは、「Why not 戦略」です。

これは**否定的な意見を持っている聞き手、話し手の考えに同意していないオーディエンスを味方に変えてしまう「説得のトリガー」**です。

誰かの意見に反対しているとき、同僚からの頼みを引き受けるのを渋っているとき、パートナーの提案にいまいちな反応を見せるときなど、私たちは特に深い理由がないのに否定的な立場に立つことが少なくありません。

- 同僚の頼みを「今、ちょっと忙しいから」と断る
- 「態度が大きくてムカつくから嫌い」と感じ、グループのリーダーの足を引っ張る
- 「なんとなく機嫌が悪いから」と彼氏、彼女の出してくれたデートプランを否定する

こういったとき、宗教上の理由や、犯罪行為につながるなどの倫理的な問題、自分の価値観からするとどうしても受け入れられない提案だった、というようなケースはまれで、**ほとんどの場合、気乗りしない、面倒くさい、なんとなく……といった些細な理由で否定し、断っている**のです。

ところが、否定的な立場に立っている本人は「つまらない理由で断っている自分」に気づいていません。そこに楔《くさび》を打ち込むのが、「Why not 戦略」です。

聞き手があなたの頼みを断ったり、反対したりしてきたときに「えっ？　なぜですか？」と切り返します。

あるいは、オーディエンスがあなたの話に不満そうにしているとき、「満足していない。そんな表情の方が多くいますね。でも、なぜですか？」と投げかけましょう。

この「なぜですか？」によって、聞き手やオーディエンスは一度、自分を客観視する機会を得ます。「なぜ、断るのだろう？」「なんで反対しているのだろう？」「どこに満足できずにいるのだろう？」と。

すると、特別な理由やこだわりで否定しているわけではないことに気づきます。

断られたら、
「なぜですか？」と問いかけよう

○○をお願いできませんか？
今ちょっと余裕ないのでごめんなさい
気乗りしないからなぁ…
え、なぜですか？いつなら引き受けてもらえますか？
あ…じゃあ明日ならいいですよ
そこまで拒否しなくてもいいか…

明確な断りの理由が相手にない場合、「なぜですか？」と問うことで、相手は「ケチな自分」に気づいて、答えをイエスに変えやすくなる

●「あれ？　別に時間がまったくないわけではないし、引き受けてあげてもいいのか」

●「あれ？　反対するほど間違った意見でもないな」

●「あれ？　たしかに満足していないけれど、もう少し続きを聞いてみてもいいな」

　ポイントは、このように自ら気づいてもらうことです。

「あれ？」となったあと、聞き手には「認知的不協和」と呼ばれる状態が起こります。

　人は基本的に「誰かの役に立ちたい」「感謝される存在でいたい」「親切にした

い」といった欲求を持っているのですが、「Why not 戦略」をされると、聞き手は偏狭な考えで相手を否定し、手間を惜しむケチな自分に気づかされます。

すると、本来の欲求と今この瞬間の自分とがかけ離れていることで認知的不協和が生じ、「このままではいけない」と自己イメージを回復させる行動に出るのです。

つまり、**「なぜですか？」と聞くことによって、相手は頼み事を受け入れ、意見に賛同する姿勢を見せやすくなる**わけです。

説得効果を上げる4つの声の掛け方

「Why not 戦略」の説得効果については、2009年にミシガン州立大学の研究チームが行なった実験で立証されています。

この実験では、偶然、通りかかった通行人に対して「10分だけこの自転車を見ていてくれませんか？」と依頼しました。通行人は、赤の他人から「買い物に行っている間、自分の自転車が盗まれないよう見守っていてください」と頼まれたわけです。

研究チームは依頼する際、4つの声の掛け方で説得効果の違いを測りました。

もし、あなたが同じシチュエーションになったら、どう対応しますか？　想像しながら読み進めてください。

声の掛け方1　「ドア・イン・ザ・フェイス」を使う

1つ目は**「ドア・イン・ザ・フェイス」**というテクニックを使った声掛けパターンです。

ドア・イン・ザ・フェイスは、ロバート・B・チャルディーニの『影響力の武器』でもおなじみの相手の譲歩を引き出すテクニックで、**最初に大きなお願いをして相手に断らせたあと、本当に頼みたかった依頼をする**というもの。

相手が断った罪悪感を抱いているうちに、ハードルを下げたお願いをすることで要求が通りやすくなるわけです。

この実験では、「1時間くらいこの自転車を見ていてくれませんか？」と頼み、「いや、無理です」と言われたあと、「じゃあ、10分だけでも……」とお願いします。

声の掛け方2　「フット・イン・ザ・ドア」を使う

2つ目は**「フット・イン・ザ・ドア」**というテクニックを使った声掛けパターンです。

訳すと「足をドアに突っ込む」となるフット・イン・ザ・ドアは、**最初に相手が断りにくい小さなお願いを投げかけ、それが受け入れられたら、その直後に本来の依頼をする**という手法。一度、「イエス」と言ってしまった手前、88ページでも登場した「一貫性の原理」が働き、次のお願いも断りにくくなるという心理を使ったテクニックです。

この実験では、「そこのトイレに行く間だけ、この自転車を見ていてくれませんか？」と頼み、「いいですよ」と言われたあとに「じゃあ、買い物もしたいので10分くらいお願いできますか？」と続けます。

声の掛け方3 「プラシーボ・インフォメーション」を使う

3つ目は**「プラシーボ・インフォメーション」**を挟み込む声掛けパターンです。

プラシーボ・インフォメーションは、「ちょっと急いでいるので」「そこで用事があって」など、**本来、頼み事をする理由にならないどうでもいい情報のこと**です。

その効果を調べた最も有名な研究では、オフィスのコピー機に順番待ちの列ができているとき、「すみません。コピーを取らなくちゃいけないので先にコピーを取らせてもらってもいいですか」と伝えると、「5分後に会議なので」「1枚なのですぐ終わりますから」など、正当な理由があってお願いをする場合と変わらない確率で順番を譲ってもらえることがわかっています。

プラシーボ・インフォメーションが効果を発揮するのは、内容にかかわらず「理由」が挟み込まれるだけで、情報の信憑性が増したように感じてしまう心理と関係しています。

この実験では、「すぐそこに用事があるので、10分だけ自転車を見ていてくれませんか？」とお願いします。

声の掛け方4 「Why not戦略」を使う

4つ目は「Why not戦略」を使った声掛けのパターンです。

実験では、「10分だけ自転車を見ていてくれませんか？」とお願いし、断られたあと、「え？　なぜですか？」を繰り返し、食い下がっていきました。

「10分だけ自転車を見ていてくれませんか？」「いや、ちょっと……」「え？　なぜですか？　ほんの10分ですよ。何がそんなに問題ですか？」という具合です。

では、次でその効果のほどを比較して発表しましょう。

説得効果を上げる4つの声の掛け方の成功率

1位 Why not 戦略

断られたあと、「え？　なぜですか?」を繰り返し、食い下がる　→成功率 50%

2位ドア・イン・ザ・フェイス

大きなお願いをして断られたあと、本当に頼みたかった依頼をする　→成功率 36%

3位フット・イン・ザ・ドア

相手が断りにくい小さなお願いをして了承を得たら、直後に本来の依頼をする　→成功率 26%

4位プラシーボ・インフォメーション

本来、頼み事をする理由にならないどうでもいい情報を、さも理由のように挟み込む　→成功率 13%

何かお願いをしたいときは、断られた際に問いかける「Why not 戦略」の内容まで用意しておくと、最終的な成功率を高められる

Why not戦略は、50%の確率で譲歩を引き出す

この4つの説得のテクニックは、すべて効果を発揮しました。

何のテクニックも使わずに「10分だけこの自転車を見ていてくれませんか？」と頼んだ場合と比べると、確実に通行人への影響力は高まり、こちらの依頼を受け入れてくれるようになったのです。ただし、その成功率にはバラツキがありました。

● 4位：「プラシーボ・インフォメーション」で、成功率13%

● 3位：「フット・イン・ザ・ドア」で、成功率26％
● 2位：「ドア・イン・ザ・フェイス」で、成功率が36％
● 1位：「Why not戦略」で、成功率は50％

否定的な反応だった聞き手から50％の確率で譲歩を引き出せる「Why not 戦略」は強力な「説得のトリガー」となるのです。

ポイント……多くの場合、頼み事を断る理由は「なんとなく」。
そこで「なぜですか？」と食い下がると、
ＯＫをもらえる確率が上がる。

トリガー

5 SMARTの法則

5つ目のトリガーは**「SMARTの法則」**です。

これは2017年にケンブリッジ大学が「世間に広まっていく社会運動や社会活動にはどんな共通点があるのか?」を調べた研究の過程で、見出された法則。言わば、**流行や熱狂が一気に広がっていくために必要な要素を凝縮したもの**です。

「SMARTの法則」を理解し、自分なりに活用できるようになると、聞き手やオーディエンスを巻き込み、流行を作る「熱狂のトリガー」が引けるようになります。

ちなみに、ここで言う社会運動や社会活動とは、世界中の女性たちがセクハラに関するカミングアウトを行なった「Me Too 運動」やALS(筋萎縮性側索硬化症)の研究費用を支援するために頭から氷水を被る動画を撮影、SNSなどにアップし、バトンを回していく

「アイス・バケツ・チャレンジ」のような現象のこと。

ケンブリッジ大学は、こうした社会運動や社会活動の中でも世界中に広まったものとそうではないものを比較観察し、**大きな流行となった現象に共通する4つのポイント**を見出していきました。

「SMARTの法則」の「SMART」は、それぞれの要素の頭文字を組み合わせた造語です。1つずつ解説していきますが、人間の欲求のダークな部分も見えてくるのでご注意ください。

熱狂を広げるために不可欠な4つの要素

「S」……ソーシャル・インフルエンス

「SMART」の「S」は、「ソーシャル・インフルエンス」です。

社会的意義と訳されることの多いソーシャル・インフルエンスの要素が含まれたメッセ

ージや運動は、FacebookやTwitter、Instagramなどのソーシャルメディアを通して拡散しやすく、大きなムーブメントになりやすいことがわかっています。これはその**メッセージを目にした人の社会的欲求や自己実現欲求が刺激されるから**です。

たとえば、アイス・バケツ・チャレンジはALSという難病があることの啓蒙《けいもう》運動として始まり、その研究費用を支援する活動として世界中に広まっていきました。

その背景には、私たちが持っている次のような感情が関係しています。

- 自分は社会のさまざまな問題を気にかけている
- 何らかの社会貢献をしたいと思っている
- 社会とのつながりを実感したい
- そんな自分をアピールしたい

アイス・バケツ・チャレンジの場合、「難病の人たちを応援したい」「治療法の研究を支援したい」「そんなふうに社会と関わる私をアピールしたい」というような感覚が満たされます。

つまり、ソーシャル・インフルエンスの要素を持つメッセージに賛成したり、社会運動に参加したりすることで、本人のセルフイメージが高まるわけです。

簡単な言葉に言い換えれば、**参加すると「いいことをした気分になれる要素」があるとムーブメントになりやすい**のです。

あなたが聞き手や聴衆を動かしたいと思うなら、人の欲求の本質を見誤らないようにしなくてはいけません。

人は「社会問題を解決したい」「意味ある運動に貢献したい」といった社会的意義以上に、それをしたことで高まるセルフイメージに価値を見出します。

熱狂的な流行の背後にあるのは、「その流れに乗った自分は今よりもステキに見える」「周囲の人から高い評価が得られる」という自己実現欲求です。**何かをバズらせたいなら、参加した人が第三者から「いい人」に見える仕掛けを施しましょう。**

私にもALSと闘っている知人がいるので、アイス・バケツ・チャレンジを揶揄《やゆ》する意図はありません。流行したという視点で見たとき、あのチャリティー運動が優れていたのは、「次にバケツから氷水を被る人」を挙げる指名制になっていた点です。

他の社会運動でもバトンを渡すタイプの広め方をするものがあります。社会的意義のあ

大衆を動かすには、
「欲求」と「評判」を計算に入れよう

ソーシャル・インフルエンス

あなたの仕掛けたいことが、社会的に意義のあることだとバズりやすい
→それをすると自己肯定感が上がるから

×

ノルマティブ

あなたの仕掛けたいことが、社会的に見て断りにくいことだとバズりやすい
→それを断ると周囲の印象が悪くなるから

参加者が「いい人」に見えること、不参加者の評判が下がることを意識すると、広く大衆を巻き込んだ運動に発展しやすい

るメッセージについて次の人へバトンを回すことを求められ、無視や拒否をした場合、コミュニティでのその人のイメージは下がります。

次の人を指名し、バトンを回す仕掛けによって働く力は**「ノルマティブ」**と呼ばれています。**断りにくく、やらなければならないと感じてしまう。**アイス・バケツ・チャレンジにも指名を受けたら断りにくい面がありました。

つまり、流れに乗ることでセルフイメージが向上する「ソーシャル・インフルエンス」にプラスして、参加しないと評判が下がるかもしれない「ノルマティブ」という要素が加わることで、流行はさらに広がりやすくなっていくのです。

M——モラル・インペラティブ

「SMART」の「M」は「モラル・インペラティブ」です。

モラルについての議論を呼びそうなメッセージは広まりやすいことがわかっています。

最も身近にあるモラル・インペラティブの事例は、ネットで起きる炎上です。

たとえば、2020年に新型コロナウイルスの流行下で起きたトイレットペーパーやマスクの買い占めと転売問題。現職の議員が経営する会社にストックしていたマスクをオークションで売りさばき、炎上する事態も起きましたが、買い占める人への苦言、転売ヤーへの批判などの背景にあるのが、まさにモラル・インペラティブによる怒りでした。

モラル・インペラティブの前提となるのは、次のようなモラルです。

「困っている人がいたら、助けなさい」
「体調の悪い人がいたら、席を譲りましょう」
「公共の場で、大きな声を出し、騒ぐのはいけません」

このように、多くの人が基本的に正しいと捉えているモラルがあります。お互いに守り合うことでコミュニティが円滑に動くルールのようなものです。

ところが、時としてそれに反する人が現われます。

それは先程のトイレットペーパーやマスクを買い占める人や転売ヤーであり、会社であればセクハラやパワハラを行なう人であり、学校であればイジメや体罰を行なう人です。

こうしたモラルを破る人に対しては、多くの人が反感や怒りを持ちます。すると、そのニュースは議論を巻き起こしながら、広まっていきます。これが「SMARTの法則」で言うモラル・インペラティブです。

たとえば、「Me Too運動」は、反セクシャル・ハラスメントというコアなメッセージがモラル・インペラティブの要素を持っていたので、一気に賛同を集めていきました。

支持することが多くの人の信じるモラルに適っている場合、人は自信を持ってそのメッセージを広げていくのです。

このモラル・インペラティブを巧みに使って対立の構図を作り出し、支持者を集めていったのが初期の「NHKから国民を守る党」の立花孝志《たちばなたかし》初代代表でした。NHKの受信料の仕組みの矛盾を突き、同じ不満を感じていた層を引き込んでいきます。

「NHKを見ていないのだから、受信料を払わない権利が認められるべき」という主張は、

「モラル」に絡めたメッセージは拡散されやすい

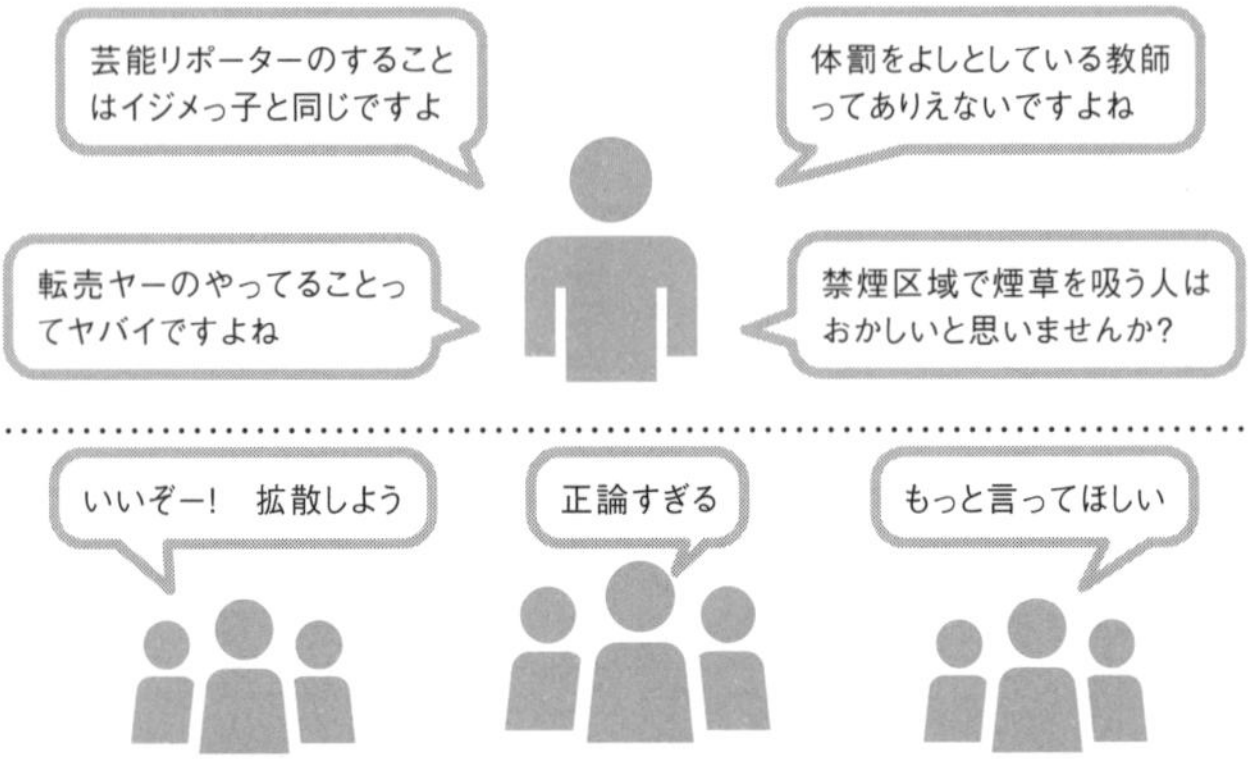
芸能リポーターのすることはイジメっ子と同じですよ
体罰をよしとしている教師ってありえないですよね
転売ヤーのやってることってヤバイですよね
禁煙区域で煙草を吸う人はおかしいと思いませんか?
いいぞー!　拡散しよう
正論すぎる
もっと言ってほしい

社会的に賛同を得ているモラルに違反する人が現われた場合、そのポイントを突くと、多くの人を巻き込んで議論がなされ、バズりやすい

ある一定層の心をつかむモラルとなり、議論を呼び、知名度を上げていきました。

ただし、ある程度コミュニティが大きくなったところでその勢いは止まります。なぜなら、大多数の国民にとって受信料を巡る議論は最重要なトピックスではないからです。

とはいえ、社会に浸透しているモラルに疑問を投げかけ、バズりを作り出すやり方は、流行を作り出したい人の参考になる手法だったのではないでしょうか。

私たちは**モラルを巡る議論があると注目してしまい、つい口を挟みたくなる**ものなのです。

AR――アフェクティブ・リアクション

「SMART」の「AR」は、「アフェクティブ・リアクション」です。

ケンブリッジ大学の研究チームは、**発するメッセージの中に「アフェクティブ・リアクション（＝大きな感情の変化）」を生む要素があると流行になりやすい**と指摘しています。

共感や同情といった強いポジティブな感情、怒りや苛立ちといった強いネガティブな感情。そのどちらだとしても、聞き手の感情を揺り動かすメッセージは熱狂的に広まっていきやすいのです。

たとえば、人気のあるYouTuberは必ずサムネイルと呼ばれる動画の内容をひと目で紹介する見本画面の作り込みに力を入れています。大量の文字を入れ、情報量を増やしたり、インパクトのある場面の画像をはめ込んだりすれば再生数が伸びるわけではありません。**最も重要なのは、感情を動かすキャッチコピー**です。

笑いや喜び、楽しさ、懐かしさを連想させるキーワードを盛り込んだサムネイルは、ポジティブな感情を持ちたい人を惹きつけます。逆に、怒りや苛立ち、つらさ、苦しさを連想させるようなサムネイルは、ネガティブな感情を持て余している人に刺さります。

大事なのは、ほどほどのバランスを取ろうとしないこと。**ポジティブの振り幅、ネガティブの振り幅のいずれにしろ、アップダウンが大きければ大きいほど、多くの人の目を集めます。**いい意味でも、悪い意味でも、感情を煽ることが再生回数の増加につながっていくのです。

私がTwitterやYouTubeで過激な発言をし、それがネットニュースになっているときというのは、必ずアフェクティブ・リアクションを意識しています。

ポジティブでも、ネガティブでも、はっきりと振り切ること。特に動画で話すときに心がけているのは、**「モラル・インペラティブ」を使ってネガティブな意見を強く発信したあと、ポジティブな解決策を提示し、見てくれている人の心も引っ張り上げること**です。

すると、一旦、ネガティブ側に大きく振れていた感情がぐっとポジティブ側に揺れるため、発信したメッセージの内容が強く残ります。また、動画閲覧後の「よかった」という印象も増すので、口コミによる拡散も期待できるのです。

T――トランスレーショナル・インパクト

「SMART」の「T」は、**「トランスレーショナル・インパクト」**です。

流行を持続させるには、1つの話題から次の話題への橋渡しとなる刺激を与えることが重要です。

受け取る情報量が増えた現代は、1つの話題が世間で取り上げられる期間は長くありません。心温まる出来事も、大炎上したスキャンダルも、ニュースのネタとしては短期間で消費されています。

これは個人レベルでの情報発信でも同じです。

抜群の営業成績を挙げて表彰されても、周囲がそれを意識しているのは数日でしょう。コミュニティ内で「すごい」と言われる実績を打ち立てたとしても、ずっと高評価が続くわけでもありません。

人間の集中力は長く持たず、定期的に刺激を与えないと流行の勢いがすぐに弱まるのは自然なことです。ケンブリッジ大学の研究チームも「当初のインパクトを維持する段階が最も難しい」と認めており、「この問題に対する特効薬はない」と指摘しています。

そこで役立つのがトランスレーショナル・インパクトです。

たとえば、抜群の営業成績で表彰された人が、3カ月後、半年後に再び好成績を残せば、「彼は仕事ができる」という評価が浸透します。あるいは、コミュニティ内でよいアドバイスをして感謝された人が、後日、改めて他のメンバーを助ければ、「頼れる人」という評判が広がります。

2章で紹介した「反復」をイメージしてもらうとしっくりきますが、**広がり始めたメッセージ、流行になり始めた運動も反復することで定着していく**のです。

ポイント

……人の中に潜む「いい人と思われたい」「評判を下げたくない」等の社会的欲求を感情面から揺さぶると流行を生みやすい。

トリガー

6 ロスフレームとゲインフレーム

6つ目のトリガーは、**「ロスフレーム」**と**「ゲインフレーム」**です。

ロスフレームとゲインフレーム――この関係を理解すると、じわじわとあなた自身やあなたが発するメッセージのポジティブな評判を自己増殖させていくことができます。言わば、「口コミのトリガー」を引けるようになるのです。

土台となっているのは、２００８年にノースウエスタン大学が行なった「口コミ」についての研究です。

研究チームは、29の先行研究、合計６３７８人分のデータをメタ分析し、どんなメッセージが口コミによって大勢の人たちの間に広まっていくのかを探っていきました。メッセージの内容、書き方、伝え方によって、評判の良し悪し、広がりのあるなしがどう変わるかを調査したのです。

その中に登場するキーワードが、ロスフレームとゲインフレーム。1対1の対話でも、1対多のコミュニケーションでも、ネット上のやりとりでも使えるテクニックです。

まず、**「ロスフレーム」ではネガティブな話題を軸に据えてメッセージを発信**します。

「この化粧品を使わないと、皮膚がんになる可能性が高くなります」
「今のままの意識で仕事をしていると、リストラの対象になりますよ」
「その話し方のまま生きていたら、人間関係が壊れていきます」
「貯金しているだけでは、将来の金銭的な不安は膨らむばかりです」

聞き手が失うものを強調し、恐怖感を煽っていく。ネガティブな部分にフォーカスした発信方法が、ロスフレームです。

一方**「ゲインフレーム」では、ポジティブな話題を軸に据えてメッセージを発信**します。

「この化粧品を使うと、皮膚がんのリスクを低くすることができます」

「ここで意識を変えて仕事に打ち込めば、リストラ要員になることはないでしょう」

「人間関係が円滑になる話し方を学びたいとは思いませんか？」

「将来の金銭的な不安をなくすため、継続的に貯金ができる人だけにお伝えしたい資産運用の方法があります」


このように聞き手が手に入れられるものを予感させ、ポジティブな部分にフォーカスしていく発信方法が、ゲインフレームです。

「口コミのトリガー」となるのはゲインフレーム

実はあなたが誰かを説得するとき、あるいは誰かから説得されるとき、基本的なメッセージの組み立てはロスフレームか、ゲインフレームのどちらかに分類することができます。

たとえば、親が子ども叱るとき、「早くお風呂に入らないと、寝るとき、鬼がくるよ！」

と言うのはロスフレームですし、「先にお風呂に入っちゃえば、ゆっくりゲームができるよ！」ならゲインフレームです。

あるいは、セールスの場面で「今、購入されると、特別な割引があります」とくればゲインフレームですし、「早く決断を。あと3台で売り切れです」ならばロスフレーム。

また、学生に勉強の意義を伝えるとき、「今、勉強しておくと、結果的に将来、自由な生活が送れる可能性が高くなるんだよ」ならゲインフレームで、「勉強しないと、損するぞ」はロスフレームです。

このように**人に行動を促そうとすると、メッセージのどこかに必ずロスフレームとゲインフレームのどちらかが入り込むのです。**

そこで、ノースウエスタン大学の研究チームは、ロスフレームとゲインフレームのどちらが口コミを広げる効果が高いのかを調べました。

すると、ビジネスシーンでもプライベートでも、一般的にはロスフレームが使われることがわかりました。なぜかと言うと、損や恐怖を煽ることで説得力が高まるからです。

行動心理学の研究でも明らかになっているように、人には「損をしたくない」という心理があり、得よりも損に注目します。つまり、**「このままではネガティブな影響が出ます」**

「口コミ」は、「恐怖」よりも「メリット」で広がる

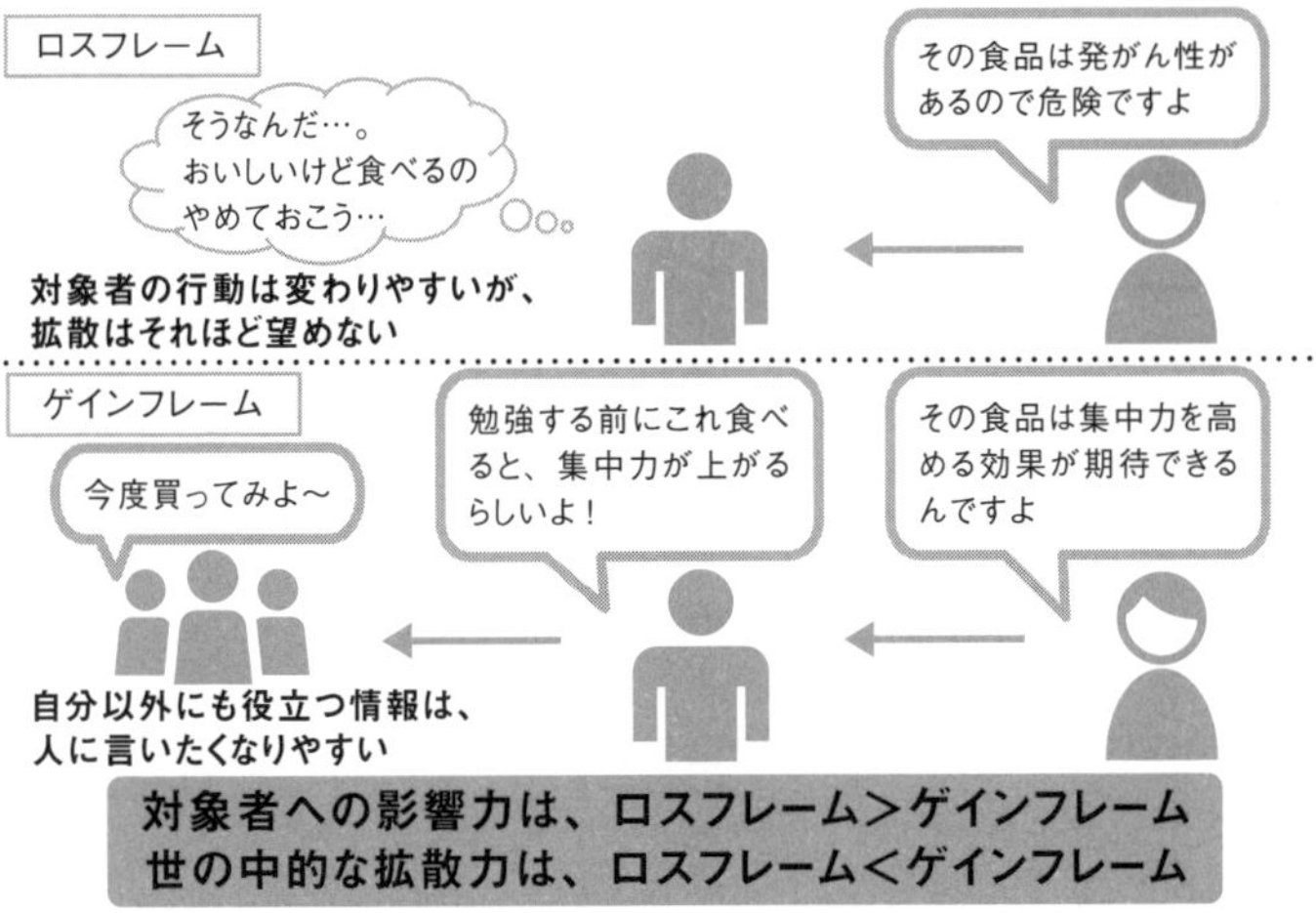
ロスフレーム
その食品は発がん性があるので危険ですよ
そうなんだ…。おいしいけど食べるのやめておこう…
対象者の行動は変わりやすいが、拡散はそれほど望めない
ゲインフレーム
その食品は集中力を高める効果が期待できるんですよ
勉強する前にこれ食べると、集中力が上がるらしいよ！
今度買ってみよ～
自分以外にも役立つ情報は、人に言いたくなりやすい
対象者への影響力は、ロスフレーム＞ゲインフレーム
世の中的な拡散力は、ロスフレーム＜ゲインフレーム

と訴えるロスフレームに影響を受けやすいのです。

しかし、ノースウエスタン大学の研究がおもしろいのは、**ロスフレームはゲインフレームよりも説得力があるにもかかわらず、口コミとして広がらない**と指摘している点です。

1対1、1対多で相手を説得し、動かすにはたしかにロスフレームが役立ちますが、そのロスフレームで説得された人は、自分の行動は変えたとしても、その理由や内容を他の誰かに伝えようとまではしなかったのです。

逆にゲインフレームのメッセージを受け取った人は、それを家族や友人、知人に積極的に広めていきます。

自分以外の人にもメリットのある情報を口コミすることで「役に立った」という満足感が得られるからです。

仮にそこで「いい情報を教えてくれて、ありがとう」と感謝されれば、より大きな喜びを感じることもできます。

ですから、新規で立ち上げたビジネスの知名度を高めたい、扱っている商品の拡散を狙いたい、ネットでバズらせたい、運営しているYouTubeチャンネルの登録者数を増したいなど、**1対1、1対多でのコミュニケーションの向こうで、さらに口コミを広げたい人は、ゲインフレームでのメッセージの発信**を心がけましょう。

ポイント

説得には、必ずロスフレームかゲインフレームが紛れ込んでいるが、口コミを広げたい場合はゲインフレームが効果的。

6つのトリガーは、操られないためにも使える

ちなみに、私がロスフレームとゲインフレームの研究を知ったとき、真っ先に思い浮かべたのは新興宗教が信者を獲得する手法でした。

新興宗教の多くは現世利益をアピールします。「この教えを信じれば、人生が好転する」とゲインフレームでメッセージを発信し、信者を増やそうとしていくわけです。

ところが、入信した信者が何らかの理由で団体を離れたいと言い出すと、急にロスフレームで引き止めます。

「あなたの迷いによって、仕事運も金運も下がっていく」「今、信仰を手放すと家族にまで不幸が及ぶ」と、個人の大切なものが失われるかもしれないと示唆するのです。

そのやり方の良し悪しはさておき、影響力を駆使して多くの人を動かそうとする人たちは、さまざまなテクニックを使って揺さぶりをかけてきます。

3章で紹介した「同情」「アイデンティティ・ラベリング」「公平性」「Why not 戦略」「SMARTの法則」「ロスフレームとゲインフレーム」の6つのトリガーは、あなたが誰かに影響力を行使するのに役立つだけではありません。

これらの手法について知っておくことで、「相手は、同情心を買いにきている」「社会的意義によって、断りにくい空気を作ってきている」「このサイトは、公平性を意識させながら、買わせようとしてくる」など、当初思っていなかったような欲求や衝動が湧いて動かされそうになったとき、自分に何が起きているのかについて、セルフチェックすることもできます。

あなた自身が、不本意な状態で操られることを防ぐための知識にもなるのです。

4章

あなたが人を動かせなかった3つの理由

「信用」と「関係性」の土台、無意識に働きかける準備が台無しに

熱意を持って伝えているのに、うまくいかない。いつの間にかコミュニティの中で空回りしている気がする。あなたは、そんな虚《むな》しさを感じたことがありますか？

私はプロローグで、「自分では積極的に意思や意図を伝え、影響力を発しているつもりなのに、周囲が思い通りに動かないと悩んでいる人は、最初に4章を読み進めてみてください」と書きました。

いち早く悩みの解決策を知りたいと、すぐにこのページを開いたのなら、**225ページから紹介していく「3つの理由」が日々のあなたの話し方、伝え方に当てはまっていないかチェック**していきましょう。

もし当てはまる点があれば、ラッキーです。

そこに周囲が思うように動いてくれなかった理由があります。

**日頃、あなたは
こんなふうに考えていませんか？**

☑ 画期的なアイデアは正義だと思う

☑ 見た目より話の中身が大事だと思う

☑ 自分は人より温厚な性格だと思う

**以上のいずれかに心当たりのある人は、
この章から読み進めてください**

うまくいかない原因がはっきりしたのなら、改善すればいいだけのこと。1章に戻り、説得力と影響力を高めるステップを踏んでいきましょう。超影響力はその仕組みを学び、実践することで誰もが駆使できるようになります。

一方、プロローグから始まり、1章、2章、3章と読み進めてきた人は、**これから紹介する3つの現象を反面教師として役立てていきましょう。**影響力や説得力を発揮できるようになったからこそ、注意すべきポイントがあります。

特に3つ目の理由「人を動かす側になると『客観性』を失う」は、周囲の人をあなたの思う方向へ動かせるようになり始めた頃に、陥りやすい落とし穴。自分への過信が聞き手の反感を買うことにつながり、築いてきた「信用」と「関係性」の土台、無意識に働きかけて整えた準備を台無しにしてしまうこともあるのです。

これから説得力と影響力の間違った使い方と、なぜそれが相手の気持ちを逆なでし、反発や不信を引き起こす原因となってしまうかを解説していきます。

説得したい、影響を与えたい、行動を促したい。でも、うまくいかない。その理由を突き止めたうえで改めて1章からの内容を振り返ると、テクニックの使い方が一層磨かれるはずです。

ポイント……「自分は人を動かせない」と感じている人は、自覚があるので、この章で自分の原因を突き止めることで、改善できる。

理由

1

「伝統的な考え」に真正面から立ち向かっている

すばらしい思いつきや絶対の自信は、あなたの視野を狭めてしまうことがあります。

たとえば、こんな瞬間に熱い思いを伝えたものの、周囲の理解が得られなかった経験はないでしょうか？

- 企画提案に向け、画期的なアイデアが浮かんだ！
- 職場の業務プロセスを一気に改善する方法を思いついた！
- 絶対にみんなが楽しめるプランが見つかった！
- 相手の役に立つ商品だから、本気で勧めたい！
- これ以上ないと思えるやり方を発見した！

話し手本人は、周囲の人にメリットがある提案だからきっと喜ばれるに違いないと思い、熱く語りかけます。

ところが、期待していたような反応はなく、むしろ迷惑そうな表情を見せられたり、「そういうの、いいから」と断られたり、あからさまに聞き流されたり、と聞き手の冷ややかな態度に落ち込む結果に……。

こうした行き違い、話し手の勘違いの原因となっているのは、「社会的証明」です。

あなたにも私にも、経験上、通念上、信じている価値観があり、どのコミュニティにも形成されて長い間継続されてきた「伝統的な考え（＝社会的証明）」が存在します。

それは世間一般の価値基準と比べると古かったり、硬直していたり、ズレていたりするかもしれません。それでも、その人やそのコミュニティにとっては支えとなっている大切な考えなのです。

そこに楔を打ち込むようなメッセージは、たとえそれが正しい意見であったとしても強い反発を受けます。

企画提案に向け、画期的なアイデアが浮かんだ！

↓望まれていたのは、定番のアイデアをアレンジした企画だった
職場の業務プロセスを一気に改善する方法を思いついた！
↓周りは少々無駄があっても使い慣れた業務プロセスに愛着があった
絶対にみんなが楽しめるプランが見つかった！
↓「絶対」「楽しめる」という押しつけが反発を生んだ
相手の役に立つ商品だから、本気で勧めたい！
↓ニーズを聞かずに押し売りしてくる営業は迷惑、というイメージを覆せなかった
これ以上ないと思えるやり方を発見した！
↓聞き手は、過去に何度も若手の「これ以上ないと思えるやり方」を採用したことがあったが、その度に裏切られてきた

個人やコミュニティのメンバーがすでに「これがいい」と思い、コミットしている考え方に対して真正面から「もっといい方法がある」「その考え方は間違っている」というメッセージをぶつけても、説得力も影響力も及ぼすことができません。むしろ、強い反発を受けて逆効果となることがほとんどです。

ところが、話し手側は「いいアイデア」「すばらしい思いつき」だと思っているときほど、反発を受けてもさらに強気に出てしまいます。

- なぜ、そうしなければいけないと思っているんですか？
- なぜ、今のやり方を続けていこうと決めたんですか？
- なぜ、「新しいから」という理由で拒否するんですか？

こうした「なぜ」は、192ページのWhy not戦略のように、相手側がなんとなく気分で断っているようなときに疑問を投げかける言葉としては、強い説得力を持ちます。

しかし、相手が話し手に反発しているときや、今回のように信じ切っている考え方に対して投げかけてしまうと、相手へ挑みかかっているような印象を与えてしまうのです。

攻撃されたと感じた聞き手やそのコミュニティは、ぐっと心の扉を閉じ、防御を固め、

定着している考え方に「なぜですか?」は逆効果

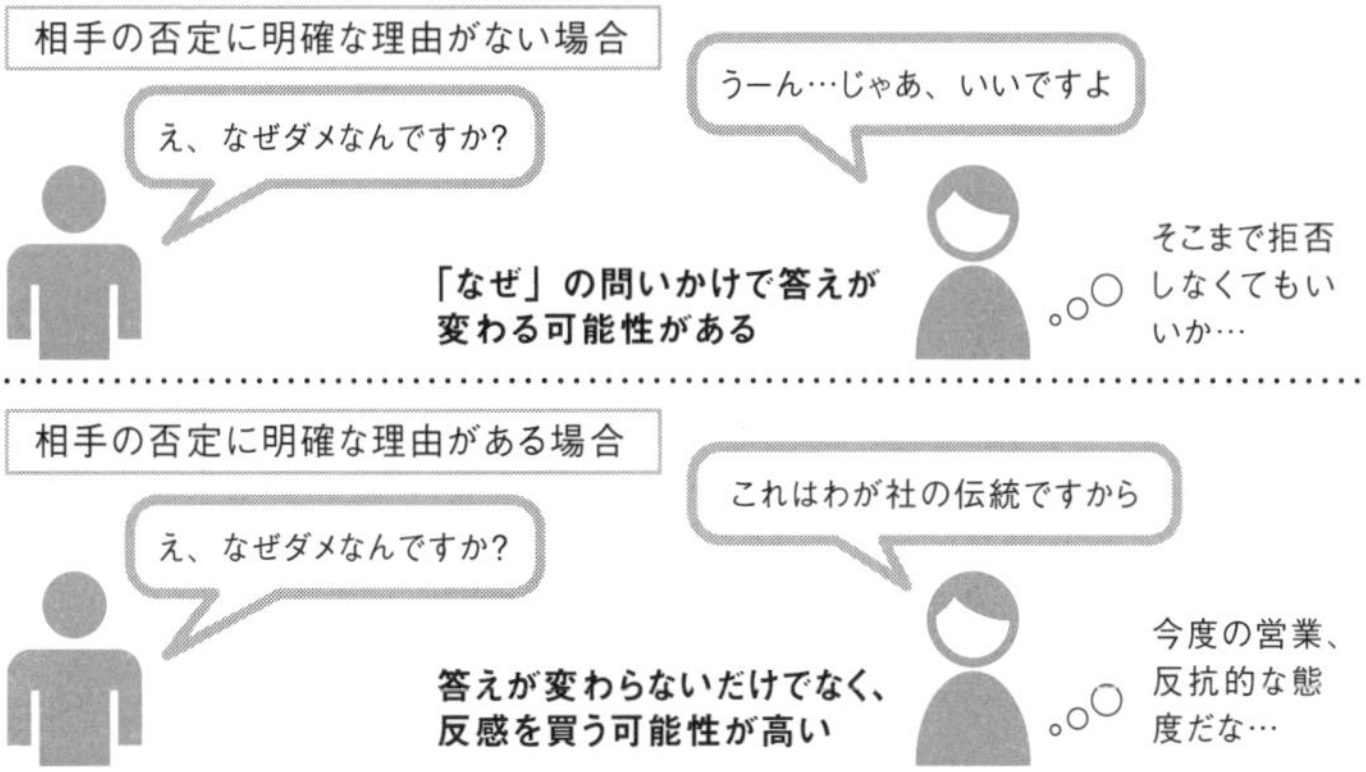

相手の否定に明確な理由がない場合
え、なぜダメなんですか?
うーん…じゃあ、いいですよ
そこまで拒否しなくてもいいか…
「なぜ」の問いかけで答えが変わる可能性がある
相手の否定に明確な理由がある場合
え、なぜダメなんですか?
これはわが社の伝統ですから
今度の営業、反抗的な態度だな…
答えが変わらないだけでなく、反感を買う可能性が高い

伝統、愛着、失敗経験などをもとに、相手のコミュニティ内で醸成されたルールには、Why not 戦略を用いても、よい回答は引き出せない

話し手のメッセージを排除します。

伝統的な考え（＝社会的証明）をストレートに批判すると炎上する

相手が従っている伝統的な考えを変化させたいときに必要なのは、遠回りです。

聞き手やコミュニティが信じている「社会的証明」を、違う切り口から眺められるような問いかけをしたり、相手のニーズを聞き出すような質問を投げかけたり、エビデンスベースで多くの人が納得できるような証拠を示したり……。

あなたの画期的なアイデアで聞き手やコミュニティを変えようとするのではなく、

相手が自ら考えるヒントを与え、「自己選択」によって変化するように促すのが得策です。

たとえば、私はコロナ禍《か》の前から「満員電車に乗って通勤して働くスタイルは生産性を下げる原因になっている」と考えています。

動画配信では「満員電車に乗って会社に通ってあくせく働いている人たち、それを当たり前のルールにしている経営陣は頭が悪いと思う」なんて言い方をしています。これは視聴者の大半が私の意見を好意的に受け止めてくれる人たちだからです。

詳しくは5章で解説しますが、オーディエンスの中に話し手の味方が多い状況では毒のある内容を発し、誰かにダークなラベリングすることによって、メッセージの持つ影響力を高めることができます。

しかし、私が満員電車の車内で、あるいはラジオやテレビで「満員電車に乗って会社に通ってあくせく働いている人たち、それを当たり前のルールにしている経営陣は頭が悪いと思う」と言ったら、猛烈な反発を受けることでしょう。

「みんな、我慢して通勤しているのに何を言っているんだ！」「私たちは一生懸命働いているんだぞ！」というように炎上するのは目に見えています。

でも、冷静に考えれば、満員電車がなくなり、リラックスできるセルフスペースを維持しながら通勤できたり、自宅や近所のワークスペースからリモートで仕事ができるようになったりすれば、働きやすさは増すはずです。また、個人個人が独立し、満員電車で通勤しなくても済むようなチャレンジをすることもできます。

しかし、**いくら一理ある内容であっても、相手の「社会的証明」を否定するストレートなメッセージでは、聞き手に冷静さを持って受け入れてもらうことはできません。**

私が「満員電車に乗って通勤して働くスタイルは生産性を下げる原因になっている」という自分の考えを伝えたいのなら、こんなふうに遠回りするべきなのです。

「あなたは自分の働く会社、取り組んでいる仕事に満足ですか?」
「毎日の通勤で疲れを感じることはないですか?」
「もし、自由に働き方を選べるなら、どんな可能性に挑んでみたいですか?」

このように、**自分事として想像できる問いを投げかけることによって、聞き手は「今のままでは大変だとわかっているんだ」と再確認し、心理的にも「どうしたらいいのかな?」「どうにかできるのかな?」といった方向に動き始めます。**

そのタイミングで、「では、どんな可能性があるか一緒に考えてみませんか?　ある研

必要なことは、変えようとせず、考えさせること

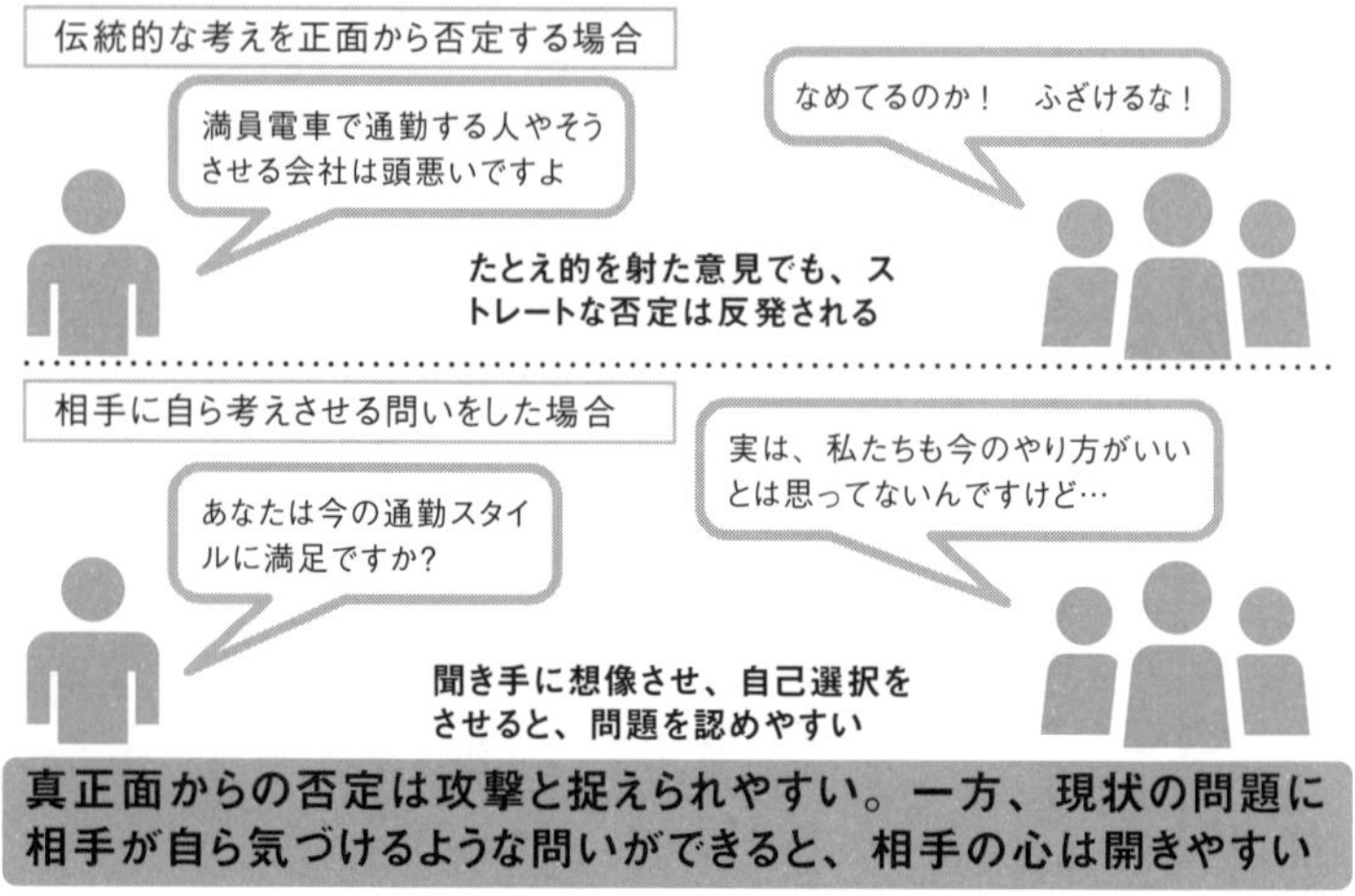
伝統的な考えを正面から否定する場合
満員電車で通勤する人やそうさせる会社は頭悪いですよ
なめてるのか！　ふざけるな！
たとえ的を射た意見でも、ストレートな否定は反発される
相手に自ら考えさせる問いをした場合
あなたは今の通勤スタイルに満足ですか?
実は、私たちも今のやり方がいいとは思ってないんですけど…
聞き手に想像させ、自己選択をさせると、問題を認めやすい
真正面からの否定は攻撃と捉えられやすい。一方、現状の問題に相手が自ら気づけるような問いができると、相手の心は開きやすい

究では……」と話し始めると、「聞いてみようかな」と思ってくれるのです。

聞き手の心を揺さぶる「今のままで満足ですか？」という問いかけ

2020年の新型コロナウイルスのパンデミックでもより浮き彫りになりましたが、**日本では特に「伝統的な考え（すでに形成されている社会的証明）」には直接立ち向かわないことが大切**です。

緊急事態宣言が出る前から、そして宣言が解除されたあともずっと、メディアは日々、感染者数の増減や新型コロナウイルスの脅威を報じ続けました。中国大陸で発

生した縁遠い新型ウイルスは、いつしか国民の一大関心事となっていったのです。

人々の関心は感染拡大を食い止めることや感染症の性質について、さまざまな議論を繰り広げることに向かい、法的拘束力のない自粛要請ではあったものの、自由な行動を縛る行動制限に従う人が大半でした。もちろん、それは感染拡大の予防という意味では必要なことだったのでしょう。

一方で、同調圧力が強すぎると感じる点がいくつもあります。

公園を散歩して桜を見に行ってはいけない、22時以降はお酒を出してはならない、友人同士でご飯を食べてはいけない、海水浴をしてはいけない、マスクは必ずつけなければいけない、などなど。研究が進んで新型コロナウイルスの性質が少しずつわかってきたにもかかわらず、前後5m誰もいない真夏の歩道でも多くの人がマスクをつけ、汗をダラダラ流しながら歩いていました。

こういった例からもわかる通り、一旦コミュニティが従うと決めた考え、合意された社会的証明の力は強力です。

ですから、それに異議を唱え、考え方を変化させたいのなら、真正面からぶつからないこと。**どんなにあなたの説が正しく、持論が優れていても関係ありません。相手を反発さ**

せてしまったあと、状況を改善するのはほぼ不可能なのです。

もし、これまであなたがどれだけ熱意を込めていてもうまく影響力を発揮できなかったのなら、それは真正面からぶつかりすぎていたからではないでしょうか。遠回りであったとしても、聞き手が自己選択をするきっかけとなる疑問を投げかけていきましょう。

「みんなはこうしていますが、本当にあなたもそうしたいのですか？」
「こんなデータもありますが、それでもあなたは現状に満足ですか？」
「改めて、自分の人生で大事なことは？　と考える時間を持ってみませんか？」

ポイントは、**問いかけに「今のままで満足ですか？」というメッセージを含ませる**こと。

なぜなら、「今のままで満足ですか？」と聞かれて「満足です」と言い切れる人はほとんどいないからです。

ポイント……社会や組織内に根づいた考え方は強力。正面から反論せずに「今のままで満足ですか？」の問いで突破口が開ける。

2 話し始める前に自分に意識を向けていない

就職活動で必ず行なわれる面接試験。この**合否を左右する最大の要素は何かと言うと、第一印象**です。心理学、社会学の複数の研究で明らかになっていますが、人に好感を与える人は90%の確率で合格し、そうでない人は弾かれてしまいます。

面接で語られる話の内容、本人の有能さ以上に、最初の印象が結果を左右するのです。そして、これは面接の場に限った話ではありません。

1対1、1対多で話をするあらゆる場面で、同じことが起きています。特にあなたの人となりが聞き手に伝わっていない状態では、第一印象がすべてを決めると言っても過言ではありません。

ところが、**多くの人が「自分は人に好印象を与えているはず」「少なくとも悪い印象は与えていないはず」**と油断しがちです。

これは**「ダニング＝クルーガー効果」**と呼ばれる認知バイアスで、私たちには自分の容姿、発言、行動などの能力を高めに評価する傾向があります。

実際、「あなたは人に好感を抱かれるタイプですか？」と聞けば、70％の人たちが「自分は真ん中よりも上」とランクづけするのです。

しかし、70％の人が真ん中よりも上の位置にくるグラフは統計学的にありえません。

つまり、**人は自分の力を甘めに見積もる生き物**なのです。

- なかなか相手が自分の話を真剣に聞いてくれない
- コミュニティのためを思って言っているのに、信用してもらえない
- この話でつかみはＯＫ！　と思っていたのに、オーディエンスの反応は冷ややか
- そもそも、こちらの話に興味を持ってもらえない

こうした悩みを持っている人が目の前にいたら、私はすぐにその理由に気づきます。というのも、人は2秒で目の前の相手の好感度を測っているからです。

視線、体の動き、話す速度などを含めた立ち振る舞い。しゃべり始める前に伝わってしまうものこそ話の内容よりも重要であるにもかかわらず、多くの人はそこに意識を向けて

いません。

聞き手は、話し手の見た目、振る舞い、装いなど、表面的な特徴に引っ張られ、話を聞くかどうかを判断するのです。

たとえば、最初に「賢そう」と印象づけることができれば、その後のメッセージも好意的に受け止められます。こうした**話し手の特に目立つ1つの特徴によって、聞き手が相手の印象を決めてしまう心の動きを「ハロー効果」**と呼びます。

なぜハロー効果が起きるかと言うと、人はどんなに長い付き合いで親しい友人のことでも、相手の全体像を完全につかむことはできないから。ましてや初対面のときに総合的な判断などできないわけです。

そこで、相手の特徴の中で最も目立った部分に着目し、それを基準に印象を形作り、自分に危害を加える人かどうか、魅力的な人かどうか、好意的に付き合える人かどうかをすばやく判断していきます。

つまり、**あなたが「なかなか相手が自分の話を真剣に聞いてくれない」といった悩みを抱えているなら、その原因は説得力や影響力を発揮するのにふさわしい印象を相手に与えられていないことにある**のです。

逆に言えば、ハロー効果の性質をよく理解したうえで、聞き手に「賢そう」「リーダーシップがありそう」「決断力がありそう」「公平そう」といった印象を与える振る舞いができれば、状況は大きく変わります。

話を始める前の自分の立ち振る舞いに意識を向けていきましょう。

話の内容よりも表情・しぐさ・姿勢が好印象を形作る

では、どういう振る舞いを見せれば、「賢そう」「リーダーシップがありそう」「決断力がありそう」「公平そう」といった印象を与えることができるのでしょうか？

- 真面目な表情を浮かべる
- 手足をあまり動かさず、淡々と話す
- 相手の話に大げさなリアクションを取らない
- 難しい表現や単語を駆使する

● 含蓄がある引用を心がける
● てきぱき素早く行動する

実はここに挙げた振る舞いはどれも間違いで、相手に好印象を残しません。

逆に「賢そう」「リーダーシップがありそう」「決断力がありそう」「公平そう」といった印象を残すのは、次のような振る舞いです。

● 楽しそうな表情であいさつをする
● 聞き取りやすい声でゆっくりはっきり話す
● 相手の目を見て話す
● 背筋を伸ばした姿勢でいる
● メガネをかけている
● 相手の話に何度も相槌《あいづち》を打つ
● ジェスチャーを使って説明する

ここから見えてくるのは、人が相手にポジティブな印象を抱くとき、その指標としてい

あなたの立ち振る舞いは どちらですか?

○好印象を残せる	× 好印象を残せない
・楽しそうな表情であいさつをする	・真面目な表情を浮かべる
・聞き取りやすい声で ゆっくりはっきり話す	・手足をあまり動かさず、淡々と話す
・相手の目を見て話す	・相手の話に大げさな リアクションを取らない
・背筋を伸ばした姿勢でいる	・難しい表現や単語を駆使する
・メガネをかけている	・含蓄がある引用を心がける
・相手の話に何度も相槌を打つ	・てきぱき素早く行動する
・ジェスチャーを使って説明する	

表面的な振る舞い1つで、
相手に与える印象はコントロールできる

るのは、いわゆる「コミュニケーション能力の高さ」だということです。

しかし、逆の見方をすれば、**こういった振る舞いを押さえれば、内向的な人でもコミュニケーション能力が高いように演出することが可能**なのです。

楽しそうに向き合ってくれること、理解しやすい言葉を聞き取りやすいトーンで話してくれること、敬意を払った態度で接してくれること。

こうした振る舞いが聞き手に伝われば、ハロー効果を操ることができ、あなたは相手に「賢そう」「リーダーシップがありそう」「決断力がありそう」「公平そう」といった印象を植えつけることができるのです。

視線、言葉選びで人心を掌握する

特に**聞き手は専門知識の乏しい分野の話を聞くときほど、話の内容よりも第一印象を重視する傾向が強くなります。**

たとえば、ワインの知識がまったくない状態で「1本数百万円の希少なワイン」を出してもらっても、その価値を解釈することができません。基準となる物差しがないからです。あるいは、真っ白なキャンバスにポンと黒い点を打っただけの現代アートの作品が数千万円したとしても、正直、私は価値がよくわかりません。キャンバスの値段を調べることはできても、現代アートの芸術的な価値がどう決まるのかが判断できないからです。

同じように、私たちは自分より頭のいい人の知性を測ることはできません。だからこそ、**主観的な頭のよさ、「賢そう」「リーダーシップがありそう」「決断力がありそう」といったイメージは、ハロー効果を引き起こすわかりやすい特徴によって決まってしまう**のです。

名経営者は、
スピーチで視線を落とさない

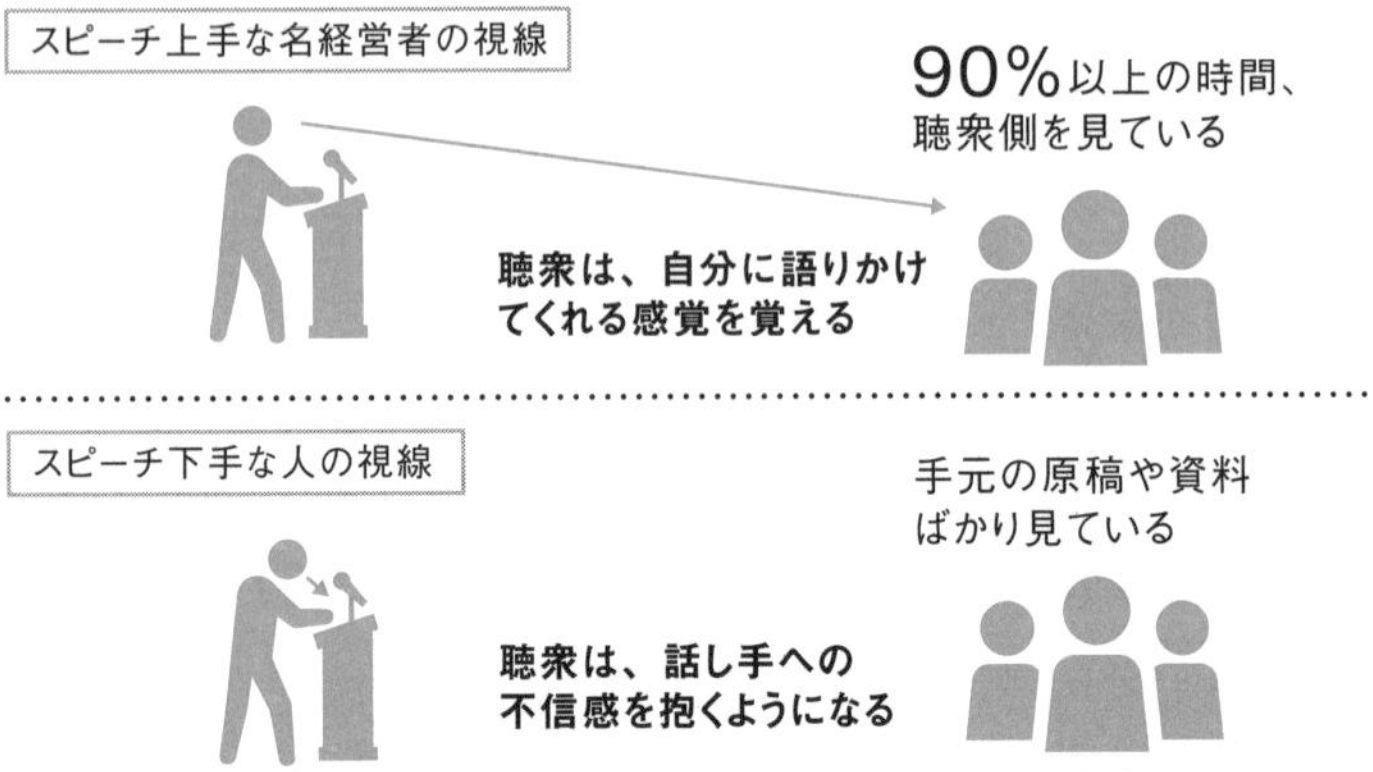
スピーチ上手な名経営者の視線
90%以上の時間、
聴衆側を見ている
聴衆は、自分に語りかけ
てくれる感覚を覚える
スピーチ下手な人の視線
手元の原稿や資料
ばかり見ている
聴衆は、話し手への
不信感を抱くようになる

視線1つで相手の感じる印象は大きく変わる。特に第一印象が重要なので、話が苦手な人もスピーチ冒頭は聴衆を見ると印象アップ

たとえば、名経営者と呼ばれる人たちのスピーチにおける視線の動かし方を調べた研究があります。

スティーブ・ジョブズ、マーク・ザッカーバーグ、柳井正《やないただし》、孫正義《そんまさよし》など、彼らトップ経営者はスピーチのうちの90%以上の時間、オーディエンス側を見て話しているのです。手元のメモやモニター、スクリーンに映し出されているグラフなどに目をやるのは一瞬で、視線はずっとオーディエンス側に向いています。

すると、実際に目が合っているかどうかは別にして、聞き手は「自分に語りかけている」という印象を受けるだけでなく、彼らの頭のよさを強く意識するのです。

逆に一部の政治家のようにプロンプター

や手元資料にばかり目を向けていると、オーディエンスは不信感を抱くようになります。

あなたも**説得力、影響力を高めたいなら、聞き手の目を見て、オーディエンス側に視線を向けてあいさつをし、話し始めるようにしましょう。**内容のすべてを暗記することができなくても、スピーチやプレゼンの滑り出しをメモなしで乗り越えれば、十分に「頭がよさそう」というハロー効果が働きます。

そして、もう一点、**深刻な顔で話すよりも楽しげにわかりやすい言葉でゆっくり語りかけるほうが、オーディエンスは好印象を抱く**こともわかっています。賢そうに見せるため、専門用語やカタカナ英語、略語などを使うのは逆効果です。

昭和を代表する政治家である田中角栄《たなかかくえい》は、圧倒的な人心掌握術を持っていました。その一旦が垣間見えたのが大蔵大臣に就任したとき、学歴エリートの頂点と言っていい大蔵省の官僚を前にしたあいさつにおいてです。

「私が田中角栄であります。皆さんもご存じの通り、高等小学校卒業であります。

皆さんは全国から集まった天下の秀才で、金融、財政の専門家ばかりだ。かく申す小生は素人ではありますが、トゲの多い門松をたくさんくぐってきており、いささか仕事のコツは知っているつもりであります。これから一緒に国家のために仕事をしていくことになりますが、お互いが信頼し合うことが大切だと思います。
従って、今日ただ今から、大臣室の扉はいつでも開けておく。我と思わん者は、今年入省した若手諸君も遠慮なく大臣室に来てください。そして、何でも言ってほしい。上司の許可を取る必要はありません。できることはやる。できないことはやらない。しかし、すべての責任はこの田中角栄が背負う。以上!」

堂々とわかりやすい言葉で自分を印象づける。賢さを取り繕《つくろ》う必要はありません。

ポイント……「自分は好印象のはず」というバイアスを捨てたうえで、話す内容よりも自分の態度を意識すると相手の心をつかめる。

理由

3 人を動かす側になると「客観性」を失う

ある程度、人を動かせるようになったときに生じるのが「客観性」を失ってしまうという問題です。

- 自分のやり方がどんな聞き手にも通じると思ってしまう
- 自分は特別だと思い込み、関係性を築く努力を忘れてしまう
- 権威を勘違いし、上から目線のアドバイスになってしまう
- 公平性を見失って、持論ばかりを主張してしまう
- 相手を屈服させようとロスフレームで煽ってしまう

当選した途端に威張り始める政治家、出世したら急にそっけなくなった同期、事業で少

し成功しただけで「自分はカリスマだ」と勘違いする起業家。

彼らが見失っているのが、自分の立ち位置や能力を客観視する視点です。

しかし、これは何も一部の自意識過剰な人だけに起きる現象ではありません。心理学の研究で明らかになっていますが、人間は客観的に自分を見ることが不得意です。

ほとんどの人は「自分のことは自分が一番よくわかっている」と思っていますが、組織心理学者のターシャ・ユーリックは複数の実験を通じて**「実際の理解度は10～15%にすぎない」**と指摘しています。

また、行動経済学の研究によると、多くの人は生まれつき、自分について次のように考える傾向＝**「レイク・ウォビゴン効果」**があることもわかっています。

- 自分の知能は、世の中の50%の人間よりは上
- 自分の性格は、世の中の大体の人よりも温厚
- 自分のルックスは、少なくとも平均よりは上のはず

236ページで登場した「ダニング＝クルーガー効果」とも共通していますが、全員の知能や性格が平均値より上であることは当然ありえません。客観的に見れば明らかなこと

人は、自分で思っている以上に、客観性を失いがち

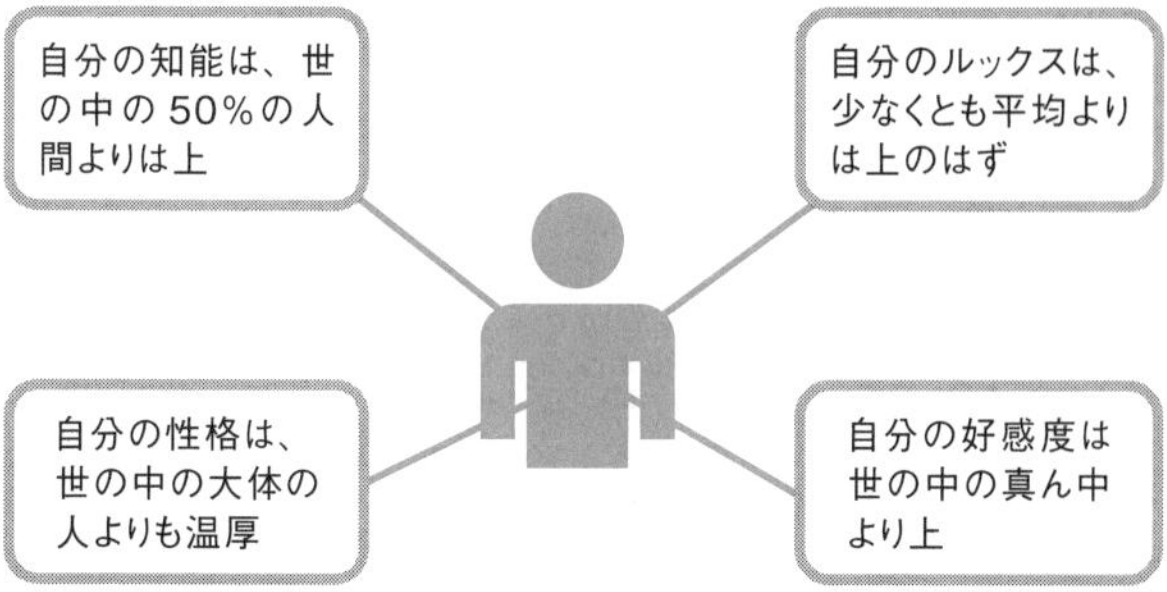
自分の知能は、世の中の50%の人間よりは上
自分のルックスは、少なくとも平均よりは上のはず
自分の性格は、世の中の大体の人よりも温厚
自分の好感度は世の中の真ん中より上

人は「自分は大丈夫」というバイアスを持つもの。驕《おご》りのあるときは、あなたの狙いは漏れ出ているので、他人は動かせなくなる

にもかかわらず、自分のことになると「自分は他人よりも上だろう」と思い込んでいるのです。

こうした元々備わっている思考の偏りに、「うまく人を動かすことができた」という成功体験が加わったとき、私たちは簡単に客観性を手放してしまうのです。

客観性を失うと、あなたの私利私欲が聞き手に漏れ伝わってしまう

客観性を失い、身勝手なやり方で人を動かそうとすれば、当然、あなたの私利私欲が相手に漏れ伝わってしまいます。本人はうまく隠しているつもりでも、聞き手は「この人は私を説得して、得しようとしている」「こちらを騙して

動かそうとしている」と感じ取り、心の扉を閉じてしまうのです。

つまり、**超影響力を駆使できる人でありたいのなら、常に客観性を持ち、冷静に考え、自分をコントロールしていくことが求められる**のです。それができないと、一時的にうまくいって調子に乗っても、その先に手痛い失敗が待ち受ける結果になります。

他人を動かす以上、自分をコントロールする術を身につけておく必要があるのです。


では、どうすれば失いやすい客観性を維持することができるのでしょうか。

そこでヒントとなるのが、「知的謙遜《けんそん》」。**知的謙遜とは、自分の持っている知識、情報の範囲を把握し、何を知らないかを正しく理解しようとする態度**のこと。これがうまくできると、高い客観性を持てるようになります。

知的な謙虚さがある人は、自分の犯してしまった失敗から改善点を学ぶことができます。また、第三者からの耳の痛い指摘を受け止め、今の自分に何が足りていないかを観察することもできるのです。

一方、知的謙遜のできない人は、よいことが起きたときは自分のおかげ、悪いことが起きたのは周囲の人のせい、と考えてしまいがちになります。人間は誰しも自分のことをかわいく思う傾向があるので、ミスや失敗を他人に押しつけて忘れようとしてしまうのです。

しかし、それでは成長はなく、客観性を持つこともできません。

この知的謙遜の効果については、デューク大学の研究チームが次のような実験を行なっています。

被験者に「自分の知識の限界がどれくらいか知っていますか?」という質問をぶつけ、全員の知的謙遜レベルを測定。その後、「難民はすべて追い出すべきか?」といった極論を主張する文章などを読み、それらの内容がどれだけ客観的な事実に基づいているかを判定させました。この研究で知的謙遜のレベルが高いと判定された人には、次のような傾向があったのです。

- 自分と意見が異なる相手でも簡単に批判しない
- データやファクトを精査するのがうまい

これを受け、研究チームは「知的謙遜が強い人は固い信念を持っているが、その一方で自分が間違いを犯すことに気づいており、問題の大小にかかわらずどうして誤ったのかを知ろうとする意志を持っている」と指摘したうえで、「この態度は意識して伸ばすことができると考えられる」と述べています。

自分の限界を知っている人は、その分だけ思い込みに惑わされにくく、異なる意見に対して寛容で、事実に基づいた判断を下せるのです。

「知的謙遜」を育み、客観性を取り戻す方法

知的謙遜を育むために役立つのは、思い込みをチェックする自問自答を行なうという方法です。周囲の人に行動を促そうとしたものの、うまくいかないときに**次のような質問を自分に投げかけ**ていきましょう。

まずは説得力、影響力を発揮する「目的」を確認する質問です。

「私は今、何を達成しようとしているのか？」
「自分にとって一番の目的は何か？」
「私は自分の目的をわかりやすく明確に説明できるか？」

「目的は現実的なものだろうか？」

続いて、あなたの思い込み、実力を勘違いしてしまっていないかを探る「前提」を確かめる質問です。


「自分が当然のように思っていることはないだろうか？」

「どのような前提があって、自分はこの結論にたどり着いたのだろうか？」

「その前提条件によって、異聞《いぶん》への視野が狭まっていないだろうか？」


最後に「視点」を確かめる質問です。


「私はこの問題をどの視点から見ているだろうか？」

「他に検討するべき視点はあるだろうか？」

「説得力、影響力について考えるうえで、どのような点を考慮するべきか？」

「自分はどの視点から物事を見るかについて、公平に検討できているだろうか？」

このように、さまざまな角度から自分に質問をぶつけ、深く考えながら答えていくことによって、知的謙遜はゆっくりと確実に育まれていきます。その結果、**目の前の問題を客観性とともに見直し、深く理解できるようになる**のです。

また、うまくできない自分を認めることができるので、246ページで登場した「レイク・ウォビゴン効果」や「ダニング＝クルーガー効果」に惑わされることなく、力不足を改善するための努力に取り組めるようになります。

ポイント

少し人を動かせるようになると、勘違いを起こしやすい。常に自分に知的謙遜の問いをすることで客観性を養っていこう。

5章

悪用厳禁
人を動かす7つの
黒いテクニック

群集心理をコントロールする権力者の黒いテクニックを見破る

「説得力と影響力を組み合わせ、人々の行動を促す技術」として研ぎ澄まされていった大衆扇動の手法の中には、人々の欲望や恐怖心、無知や誤解を利用して心を動かす悪用厳禁とも言える黒いテクニックがいくつもあります。

歴史に名を残すような政治家、独裁者、経営者、宗教指導者たちも要所要所で黒いテクニックを活用し、国民、大衆、社員、消費者、信者たちを彼らの望む方向へと動かしていきました。

5章では、そうした単純な仕掛けでありながら、強力な説得力、影響力を発揮する7つの黒いテクニックを紹介します。

いずれも日常生活の中で使える技ではありますが、くれぐれもあくどい使い方は控えるようにしてください。

逆によい方向にうまく使えば、あなたの言葉に説得力を持たせ、人間関係を楽にし、周囲への影響力を高めることにつながります。

また、この章で得た知識は、あなたが悪意による扇動に踊らされないためにも役に立つはずです。

「毒は薬にもなる」と言うように、大衆扇動に関する黒いテクニックについて知っておくことは、権力を握っている人たちやメディアなどが発信する情報に仕掛けられた、巧妙な罠《わな》を見抜くヒントとなります。

多くの人たちが扇動されてしまっているとき、あなただけは冷静に状況を見極め、群集心理に惑わされることなく行動できるはずです。

そして、その知識によって大切な人たちを手助けすることもできるでしょう。

たとえば、株価が乱高下するとき、多くの投資家が損を回避したいという恐怖心によって衝動的な選択をしてしまいます。しかし、その恐怖の原因となった情報は本当に公平で、正しいものだったのでしょうか？

経済の動き、社会の変化、流行の始まりと終わり。すべてのことは、人々の心理と深く関係しています。
権力者やメディアが群集心理をコントロールするために使うテクニックのからくりを学ぶことで、あなたは彼らが望んでいる群集心理の向かう方向を予測し、冷静で客観的な判断が下せるようになるのです。

ポイント

黒いテクニックを嫌うのではなく、使わずとも知っておくことで、自分と大切な人を扇動から守ることができる。

1 気づかないうちに相手を陥れる「ラベリング」

相手にある種のレッテルを貼りつけ、思う方向に行動を促していく心理テクニックが「ラベリング」です。

たとえば、上司が職場の若手に「君は、仕事ができるね」「やる気が人一倍だね」などと褒め続けていると、次第に周囲の誰もが認めるくらい仕事ができる人になっていきます。

あるいは、料理が苦手なパートナーががんばって食事を作ってくれたとき、「おいしいよ！」「センスあるね！」「また食べたいな」と伝え続けると、料理上手になっていきます。

こうしたラベリングによる相手の心理、行動の変化は実際にさまざまな心理学の研究で確認されていて、**私たちは人からラベルを貼られ、褒められると喜びを感じ、行動を起こし、与えられたイメージを現実にしようと努力する**のです。

また、褒め続けてくれる相手には信頼感を抱くようにもなります。そして、信頼する人が褒め言葉を「反復」してくれることでさらにラベリングの効果は高まっていくわけです。

職場や家庭で思うように仕事や家事を担ってくれない相手にイライラし続けるなら、ラベリングを使ってポジティブな暗示を与え、そのイメージに沿って動くよう仕向けていくほうがストレスも溜まりません。

褒め続けて相手をあなたの思う通りに動かせるからです。


一方で、ラベリングはダークな使い方もできます。

たとえば、**あだ名**。

学生時代、同級生にひどいあだ名をつけ、イジメのきっかけを作る最低の加害者たち。最初は冷やかしの冗談のようなふりをして、相手が嫌がるあだ名で呼び、その反応を見て盛り上がります。

これだけでも最低の行ないですが、残念なことにラベリング効果は閉じたコミュニティ内であればあるほど強く働きます。

次第にイジメの直接の加害者以外のクラスの他の生徒も、その同級生をつけられたあだ名のイメージで見るようになってしまうのです。その次に起きることは、あなたも身近で経験したことがあるかもしれません。

あだ名というラベリングをきっかけに、同級生は孤立。イジメられる環境が本人のメンタルに影響を与え、性格すら変えてしまいます。

つまり、**ラベリングはレッテルを貼られた本人だけでなく、コミュニティに属している人たちにも影響を及ぼし、個人や集団を1つの方向に動かしてしまう**のです。

レッテルを貼り、敵対する相手を貶める

2017年、オタ－バイン大学のノーム・スペンサー博士は、第2次大戦前に設立されたアメリカのプロパガンダ分析研究所（IPA:Institute for Propaganda Analysis）の集めたデータをレビューし、有能とされるプロパガンディストたちが使ってきた7つの手法を抽出しました。

その中で、**敵対する個人や勢力の名声・業績を傷つけるのに最も簡単で効果が高い方法として紹介されているのが、ラベリング**です。

スペンサー博士も「好ましくないレッテルと結びつけてラベリングするだけで、相手の

イメージを落とすことができる」と指摘しています。

身近なところを見回せば、多くのダークなラベリングがあちこちで使われていることに気づきます。

- 「おっさん」＋「くさい」
- 「おばさん」＋「うるさい」
- 「じじい」＋「老害」
- 「若者」＋「常識がない」
- 「二世議員」＋「仕事ができない」
- 「オタク」＋「根暗」
- 「酒が飲めない」＋「付き合いが悪い」
- 「真面目」＋「つまらない」

こうしたラベリングが、なぜ単純なのに強力かと言うと、**人間には自分の記憶に残っていることが真実だと思い込むバイアスがある**からです。

つまり、貶《おとし》めたい相手のことを誰もが記憶しやすいネガティブな言葉でラベリングする

ラベリングは、記憶に定着して印象を操りやすい

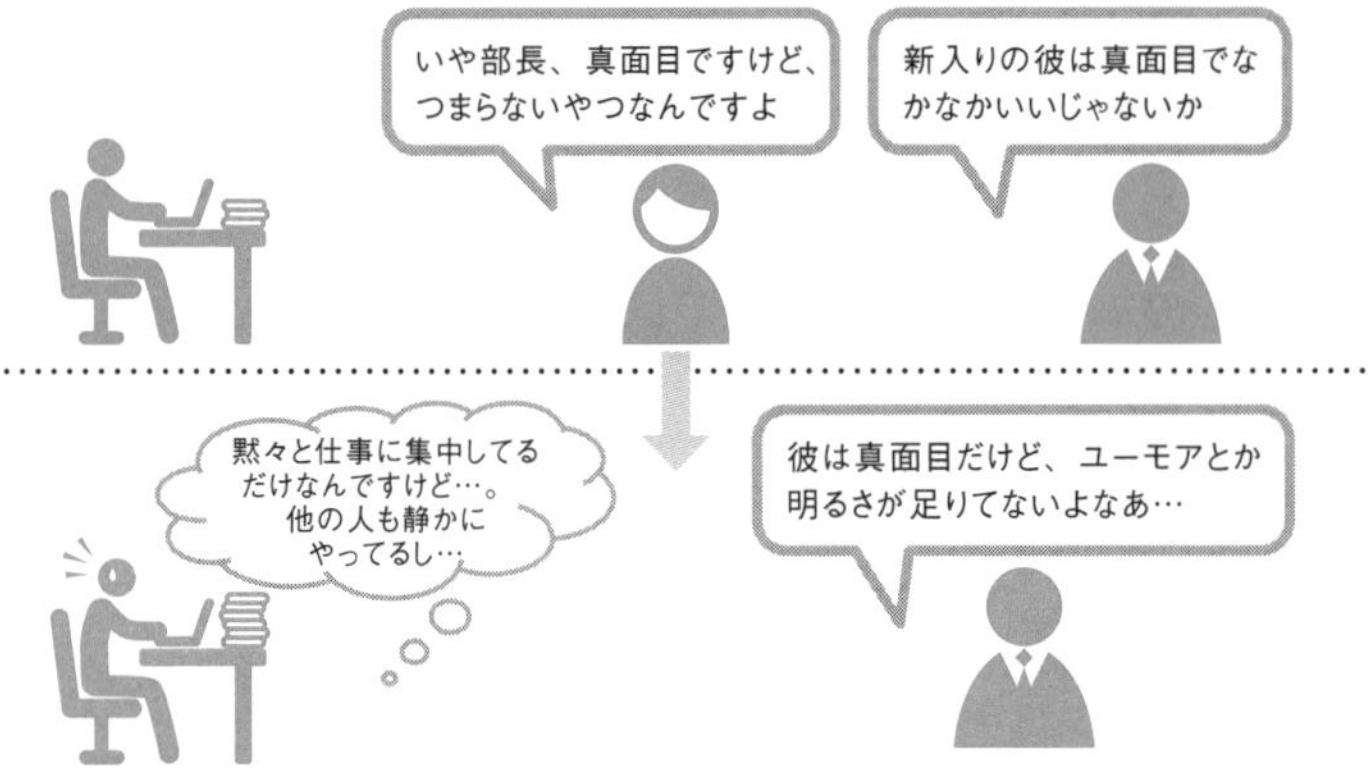
いや部長、真面目ですけど、つまらないやつなんですよ
新入りの彼は真面目でなかなかいいじゃないか
黙々と仕事に集中してるだけなんですけど…。他の人も静かにやってるし…
彼は真面目だけど、ユーモアとか明るさが足りてないよなあ…

誰もが記憶しやすいネガティブな言葉でラベリングすると、それを聞いた人の意識に残り、次第にその内容を真実と捉えるようになる

と、周囲の人は繰り返し思い出し、貼られたレッテルが真実だと捉え始めるわけです。

このテクニックは、ときには企業の経営者が公の場で使うこともあります。

たとえば、スティーブ・ジョブズは競合企業のことを「ヤツらはIT業界の進歩とイノベーションを妨げる暴君だ」とラベリングし、アップルの革新的なイメージの引き立て役にしようとしました。実際狙いは成功し、今のブランドイメージが作られていったのです。

もし、**あなたが周囲の誰かの評判を落としたいと考えているなら、ネガティブなレッテルを貼りつけるだけで一定の効果を得ることができます。**

ころころと意見を変える頼りない上司について、周囲に……。

「課長のことを『掌《てのひら》返し』って呼ぶ人も多いみたいですよ」
「上の顔色ばっかり窺っているから『風《かざ》見《み》鶏《どり》』ってあだ名がついたんですけど、あるとき本人がそれを耳にして『風見鶏ってなんだ？』と聞き返してきたらしいですよ」

などと言って回れば、簡単に相手のイメージを悪くすることができます。

逆に**あなたが誰かから黒いテクニックとしてラベリングを仕掛けられたときは、必ずその場で否定し、反論してはね返しておきましょう。**早めに払い落としておかないと、貼られたレッテルのイメージが人から人へと伝播してしまい、あなたの名声や業績に傷がつくからです。

否定するときのコツは、明確な理由や事例を挙げること。

もしも、「性格が暗い」と言われている場合は、たとえば次のように少しユーモラスな方向に振って打ち返すと、イメージを覆すことができます。

ネガティブなラベリングは、打ち返せる

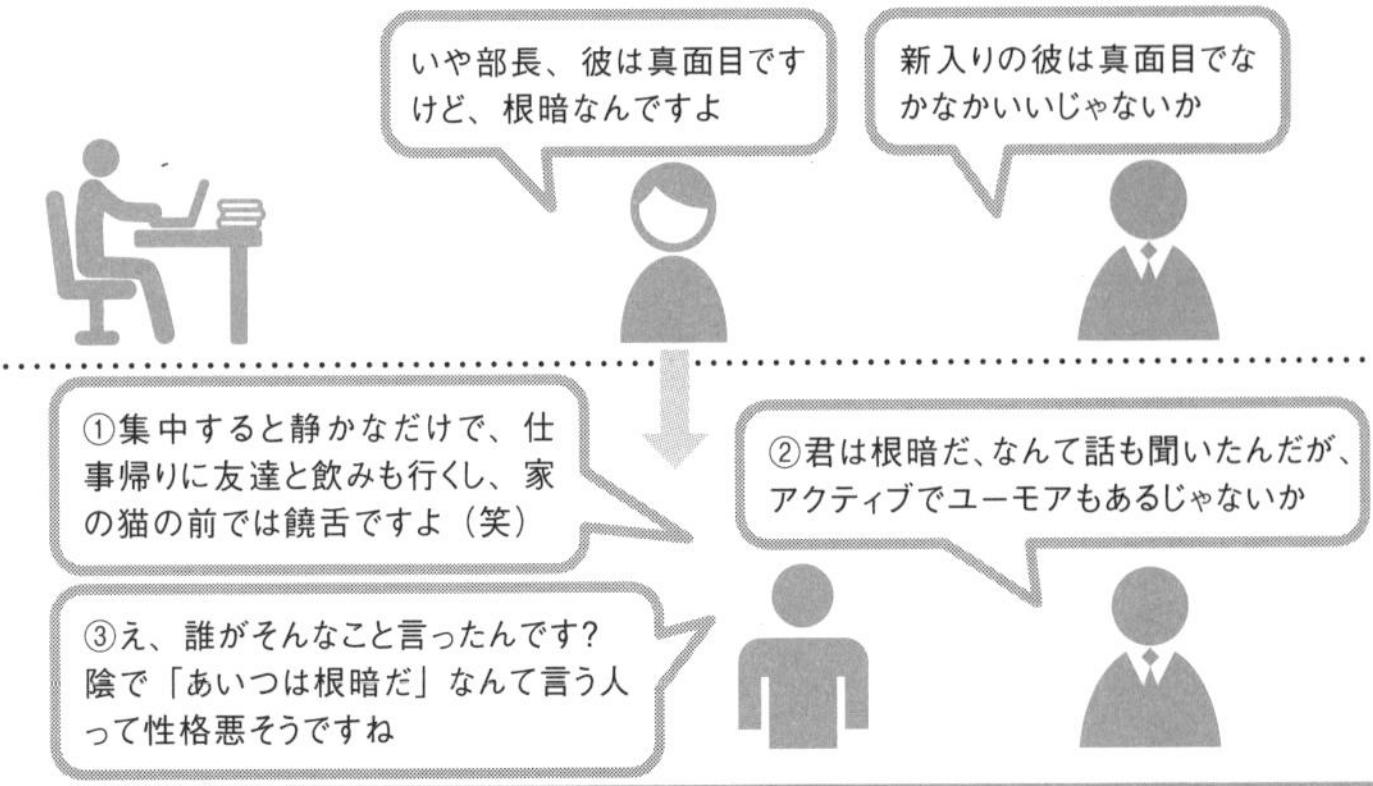
いや部長、彼は真面目ですけど、根暗なんですよ
新入りの彼は真面目でなかなかいいじゃないか
①集中すると静かなだけで、仕事帰りに友達と飲みも行くし、家の猫の前では饒舌ですよ（笑）
②君は根暗だ、なんて話も聞いたんだが、アクティブでユーモアもあるじゃないか
③え、誰がそんなこと言ったんです？陰で「あいつは根暗だ」なんて言う人って性格悪そうですね

ネガティブなラベリングは、それが誤りだという証拠エピソードを挙げて否定しつつ、仕掛けた人の倫理的問題を指摘すれば打ち返せる

「真剣に考え込んじゃうタイプなので、暗く見えるかもしれませんけど、飼ってる猫の前ではめちゃくちゃ饒舌《じょうぜつ》なんですよ」

また、こんなふうに反論するとダークなラベリングをしてきた相手への反撃も可能です。

「逆にこういう悪い噂を流す人って信用できないと思いませんか？」
「私に面と向かって言えばいいのに、あの人は裏表のある人間なんですね」

「卑怯なスネ夫君なんですよ」

自分に貼られたレッテルを剝《は》がしたうえで、相手にラベリングを仕返すテクニックです。
打ち返す批判が的確であればあるほど、説得力は高まります。

ポイント

……ラベリングを誰かに仕掛けられた場合は、ユーモアと逆ラベリングを使うと、はね返せる。

2 事実を捻じ曲げる「ハイピング」

「ハイピング」とは、「嘘をつくこと」です。

私たちは子どもの頃から「嘘はつくのはいけないこと」「嘘はいつかバレる」と教わってきました。しかし、プロパガンダ分析研究所のデータによると、**プロパガンディストたちは多種多様の嘘をつき、ハイピングによって人々を動かしてきた**のです。

「嘘はいつかバレる」と言われますが、心理学の研究によると表情の変化を見抜く訓練など、特殊なトレーニングを積んでいない一般の人が相手の嘘を見抜ける確率は54%だという結果が出ています。

つまり、**話し手がつく嘘の半分は見抜かれぬことなく、聞き手に伝わっていく**わけです。

プロパガンディストたちが使うハイピングは、この認知の性質を利用し、事実の中の一部を捻《ね》じ曲げる、誇張する、有利な証言だけを強調するなどして、人々を動かしてしまうダークなテクニック。**彼らが巧妙なのは、聞き手が聞きたいと願っている情報を事実の中に紛れ込ませていくところ**です。

というのも、プロパガンディストたちは「人には自分の信じたいものを事実だと思い込む傾向」があることも知っています。

ですから、相手の求めている嘘を事実に紛れ込ませることで、仮に聞き手が「これは嘘かもしれない」と感じても、「いや、信じたい、信じられる」と考えることを見越しているのです。

こうして意図的に練り上げられた嘘はほとんどの場合、バレません。

そこで、よく使われる情報発信の仕方の1つが、**「オミッション」**。**事実の一部を省略し、強調したい情報を際立たせる手法**です。

たとえば、2020年の新型コロナウイルスに関するニュースでは、回復して退院した患者数よりも、1日で新たに増えた感染者数の発表がクローズアップされていました。

特に民放の情報番組やワイドショーでは、感染者数の増加と症状の危険性を伝える場面が目立っています。もちろん、感染の広がりを抑制する意味があるのはわかります。

情報に潜む「ハイピング」「オミッション」を常に疑うこと

とある日の時点での新型コロナウイルスの状況

- 国内の累計感染確認数は19万9244人
- 累計死者数は2917人
- 累計退院者数は16万7513人
- 今日の感染者数は2492人
- 今日の死者数は36人
- 今日時点の入院中・療養中の人数は2万6816人
- 今日時点の重症者数は593人
- 今日の退院や療養解除となった人数は2171人
- ××市で137人感染確認
- ○○市の小学校で11人感染、クラスター発生etc.

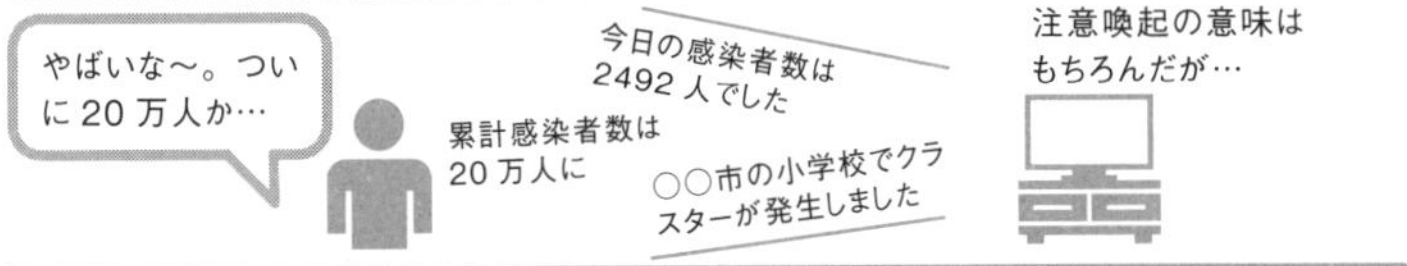
やばいな〜。ついに20万人か…
累計感染者数は20万人に
今日の感染者数は2492人でした
○○市の小学校でクラスターが発生しました
注意喚起の意味はもちろんだが…

出そろった事実のうち、都合のよい一部をピックアップして伝える手法は、事実がベースにある分、強調や省略の意図が聞き手にバレにくい

しかし、新規の感染者数ばかりを強調する一方で、回復した人数、無症状で済んだケースが多いことを省略するようなオミッションには、メディアの意図を感じずにはいられません。

つまり、メディアは視聴者の不安を煽るニュースを好んで流している、ということです。

なぜなら、**人間はネガティブな情報に注意を向けやすく、そこで不安を感じると、今度はストレスを晴らすための行動を取りたくなる**ものだから。

要は、事実の一部をオミッションしたネガティブニュースを流すと、多くの人が注意を引かれて視聴率が上がり、さらにその不安を解消するべく広告への反応がよくなるのです。

こうしたメディア手法も、視聴者の心理や購買行動を操るハイピングの一種だと言えるでしょう。

訓練を積んだ専門家でも、嘘を完全に見抜くことはできない

今でこそ、そういったケースはなくなってきましたが、私自身、ビジネスの交渉の場でハイピングを受けることがありました。こちらにとってマイナスになる情報は割愛され、興味を引く部分だけを強調。そのうえで、不利な契約を結ばせようとしてくるのです。

嘘を見抜ける確率は54%という数字を出しましたが、これは**経験と知識によって上昇します**。たとえば、嘘についての研究をしている心理学者は70%、要人警護を担って常に周囲を警戒しているシークレットサービスのベテランは80%以上の確率で嘘を見抜けるというデータもあります。

それに準じて言えば、私も人間の心理を見抜くメンタリストですから一般の人よりも高

い確率で嘘に気づくことができます。ただ、それでも2割から3割の穴はあり、騙されるときは騙されてしまうのです。

そこで、**私はハイピングやオミッションの対策として、相手の話に出てくる数字、データについてしっかりとメモを取る**ようにしてきました。そして、**交渉の場で即断即決しない**よう心がけていました。なぜなら、その場を離れたあとに相手の示した数字やデータの裏づけを取るからです。

すると、業界の平均とは違う数字が出ていたり、伝えられたデータは全体の一部分を都合に合わせて加工したものであったり、といったケースに気づきます。

つまり、相手は重要な部分をオミッションし、ハイピングを仕掛けていたわけです。

事実は都合のいいように捻じ曲げることができます。でも、捻じ曲げられていることに気づければ、そんな相手は信用しなければいいだけです。

そこで、あなたがハイピングを仕掛けられたとき、その被害を回避できるよう嘘を見抜くためのポイントを紹介します。

嘘をついた相手が発している6つのサイン

人はハイピングを仕掛けるとき、説得行動と回避行動が増えます。ここで言う**説得行動、回避行動とは、聞き手を言いくるめるために出てしまう話し方の変化**です。

説得行動

1. 前置きが増える
2. いつもよりも細かい内容を話す
3. いつもよりも話が長くなる
4. ポジティブな単語が増える

これらは嘘に気づかれず、相手を説得したい気持ちの表われです。

まず、「実はね……」「正直に言うと……」「ここだけの話……」「驚くかもしれないけど

この行動が増えたら、相手は嘘で説得にきている

説得行動

①前置きが増える

②いつもよりも細かい内容を話す

③いつもよりも話が長くなる

④ポジティブな単語が増える

正直に言うと…

この前、投資で10億稼いでいる人に会って…それでね…

本当にすごい儲け話なんだよ

回避行動

⑤曖昧な言葉遣いが増える

⑥一人称が少なくなる

ただ貯金するよりかはいいと思うんだよね

その人が1年で100万円ぐらいは見込めるって

人は本来は嘘をつきたくない生き物なので、嘘をつくときには、その心境を覆い隠す過剰な言葉や、自分と分離させるような言葉が増える

……」など、**前置きが増えます。**これは前置きを増やすことで自分を落ち着かせ、ハイピングがスムーズに進むストーリーを練っているからです。

そして、信憑性を高めるために詳細なエピソードが入るので、結果的に**話が長くなります。**加えて、「本当にすごい儲け話なんだよ」「今しかないよい話だと思うよ」「俺も初めて聞いたときはめちゃくちゃ興奮した」など、**ポジティブな感情をアピールする単語が増えます。**これは嘘に気づかれたくない気持ち、勢いで相手を押し切ろうという焦りがあるからです。

回避行動

5 曖昧な言葉遣いが増える

⑥ 一人称が少なくなる

聞き手が疑問に思ったことを質問したとき、「こう思うんだよね」「……かもしれない」「だったはず」といった**曖昧な言葉遣いが増えます**。

また、「私が」「僕が」など、**一人称が少なくなる**傾向も。これはハイピングを仕掛ける側にも、根底には「できれば正直でいたい」「嘘はつきたくない」という思いがあるため、一歩引いた視点からストーリーを語ろうとするから。

曖昧な言葉遣いと合わせて、責任を逃れたい気持ちの表われです。

交渉相手と話していて、ここに挙げたような説得行動、回避行動が出ていると感じたら要注意。この話には「嘘がある」と疑っていきましょう。

その場で決断しないこと。話し手の勢いに押し流されないことが大切です。

ポイント……真実の話の一部に嘘が混ぜられると見抜くのは困難なので、相手のサインを見逃さず、即決を避けると騙されにくい。

3 数字で人を動かす「数値詐欺」

広告の世界ではキャッチコピーを作るとき、数字を入れることが定番の作成方法の1つとなっています。

「100人乗っても、大丈夫」
「10秒チャージ」
「24時間働けますか」

また、Webメディアや YouTube のサムネイルでも、数字を使ったタイトルは乱立しています。

数字の登場には、
意図がある

100人
乗っても、
大丈夫

成功率
98.7%
脅威のメソッド
公開

3週間で引き
締まったBODY
が手に入る

人間関係は
○○が9割

××大学に
東京校から
29人合格!

60日で
がらりと
人生が変わる

3分で
できる
時短レシピ

浮気する人を
72%の確率で
見抜く方法

数字が入ると受け手はイメージがしやすくなる。また、たとえそのデータにエビデンスが乏しくても、数字があるだけで納得してしまいやすい

「浮気する人を72%の確率で見抜く方法」
「1カ月で35人が10kg痩せたダイエット」
「60日でがらりと変わる」

人は**数字があることで「情報を理解しやすくなる」**だけでなく、**「情報に根拠や具体性がある」と捉える**傾向があります。「浮気する人を見抜く方法」よりも「浮気する人を72%の確率で見抜く方法」に説得力を感じるのです。

この傾向が不思議なのは、使われている数字に深い意味や根拠があってもなくても、一定の効果があるところ。用心深い人は数字の裏づけとなったデータを調べますが、ほとんどの人は「情報に根拠や具体性がありそう」というイメージだけで納得します。

こうした**数字とデータに影響を受けやすい人間の性質を使った黒いテクニックが「数値詐欺」**。意図的に数字とデータを操作して、それを見た人の心を動かしてしまうのです。

たとえば、マイケル・ムーア監督が2004年に発表した『華氏《かし》911』というドキュメンタリー映画があります。この作品は、2001年に起きたアメリカ同時多発テロ事件に対する、当時のジョージ・W・ブッシュ大統領の対応を批判する内容です。

そして、この映画を題材にメディアプロパガンダの手法を分析したのが、カリフォルニア大学の心理学者ケルトン・ローズ博士。博士は『華氏911』の中で「数値詐欺」のテクニックが使われていることを指摘しています。

そのシーンは、ワシントンD．C．の映像とともに次のデータが紹介されたものでした。

「ブッシュ大統領は就任後、229日間のうち42％の時間をバケーションに費やしていた」

この部分だけを見れば、「とんでもない大統領だ！」という印象を受けます。

「229日間のうちの42％の時間」遊んでいたわけですから、観客は「本当に大統領の職務を果たせているの？」と思うわけです。

しかし、これがまさに「数値詐欺」で、裏取りをするとこのデータは単にワシントンD.C.を離れていた時間でした。

もちろん、そこにはバケーション期間も含まれていたでしょうが、大半は全米各州を回ったり、諸外国を訪問したりすることに使われた時間です。

冷静になれば、229日間のうちの42％の時間を遊びに費やしている大統領はいない……とわかるはずですが、作品を見ている間は数字による説得力によって「ブッシュならありえるかも」と思わされてしまいます。

数字の価値基準をどこに置くかで与える印象が大きく変わる

こうした「数値詐欺」は、メディアや企業広告ではもちろんのこと、政府が発表するデータなど、あらゆる場面で使われています。

数字の印象は、操作しやすい

タウリン 1000mg配合	→ 1000mg＝1gだが多い印象になるよう単位操作している
レモン 50個分のビダミンC	→ 実際の含有量ではなくレモンの数で表現することで印象を強めている
喫煙者の発症率は非喫煙者の47倍!	→ 発症人数ではなく倍率で表わすことで実際の差よりも大きく見せている

数字は、単位操作や母数の不表示などによって、嘘をつかずに大きく見せたり、小さく見せたりする「数値詐欺」を行ないやすい

それは**数字とデータで情報のある部分を強調することで、嘘をつくことなく聞き手の判断をミスリードすることができる**からです。

たとえば、健康飲料の「タウリン1000mg配合」は「1g」を「1000mg」に変えることでインパクトを与えています。実際、「1g」なら「少ないな……」となりますが、「1000mg」だと効き目がありそうな気がしてきます。

ここで「そもそもタウリンに効き目があるのか？」「効き目があるとしたら、どのくらいの量を摂取しなければいけないのか？」と疑問を持てる人は、「数値詐欺」に騙されないクリティカルシンキングができるタイプです。

しかし、大半の人は数字とデータのイメージに惑わされます。

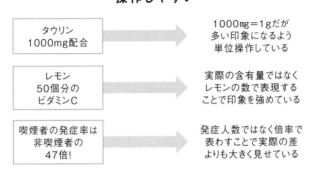

身近なところで「数値詐欺」を使って人を動かすとしたら、こんな方法もあります。
あなたが同じ職場で働く部下や後輩の好印象を得たいなら、ランチに連れ出しましょう。予算は1万円で2人の部下や後輩に食事をごちそうするとして、飲みに行くとなると安い店しか選ぶことができません。すると、ごちそうしたのに「ケチ」「せこい」という印象を与えてしまうことになりかねません。
しかし、ランチタイムに3人で1万円なら雰囲気のいい店で、おいしいものが食べられるはずです。予算は変わらないのに、受ける印象は大きく変化します。これは昼と夜で数値の価値基準（＝1人あたりの相場や必要な額）が変わるからです。

多くの人が数字に対して抱いているイメージ、数字そのものが持っている意味合いを見極め、自分に役立つように使いこなせば、周囲の人の心を望む方向に動かすことができるのです。

ポイント……数字は、具体性を感じさせてメッセージを届けやすくする。悪用された際は、信憑性や単位に注目すると騙されにくい。

黒いテクニック

4 人気があるものに惹きつけられる「バンドワゴン効果」

- 行列店には、「行列ができるくらいだからおいしいに違いない」とますます行列ができる
- 同じ価格帯、似たような効能がある商品の中にヒット商品がある場合、「売れている理由があるはず」と注目を集め、そのヒット商品はさらに売上を伸ばしていく
- 選挙で事前に優勢だと報じられた候補者には、「みんなが選んでいるから安心だ」と、特に投票先を決めていなかった有権者からの票が集まる

このように、**1つの意見や選択肢を支持する人が多ければ多いほど、それが正しいもの、価値あるものだと信じ込んでしまうのが、「バンドワゴン効果」**です。

プロパガンディストたちはオーディエンスを動かすとき、バンドワゴン効果を巧みに利

「バンドワゴン効果」で
人気は連鎖していく

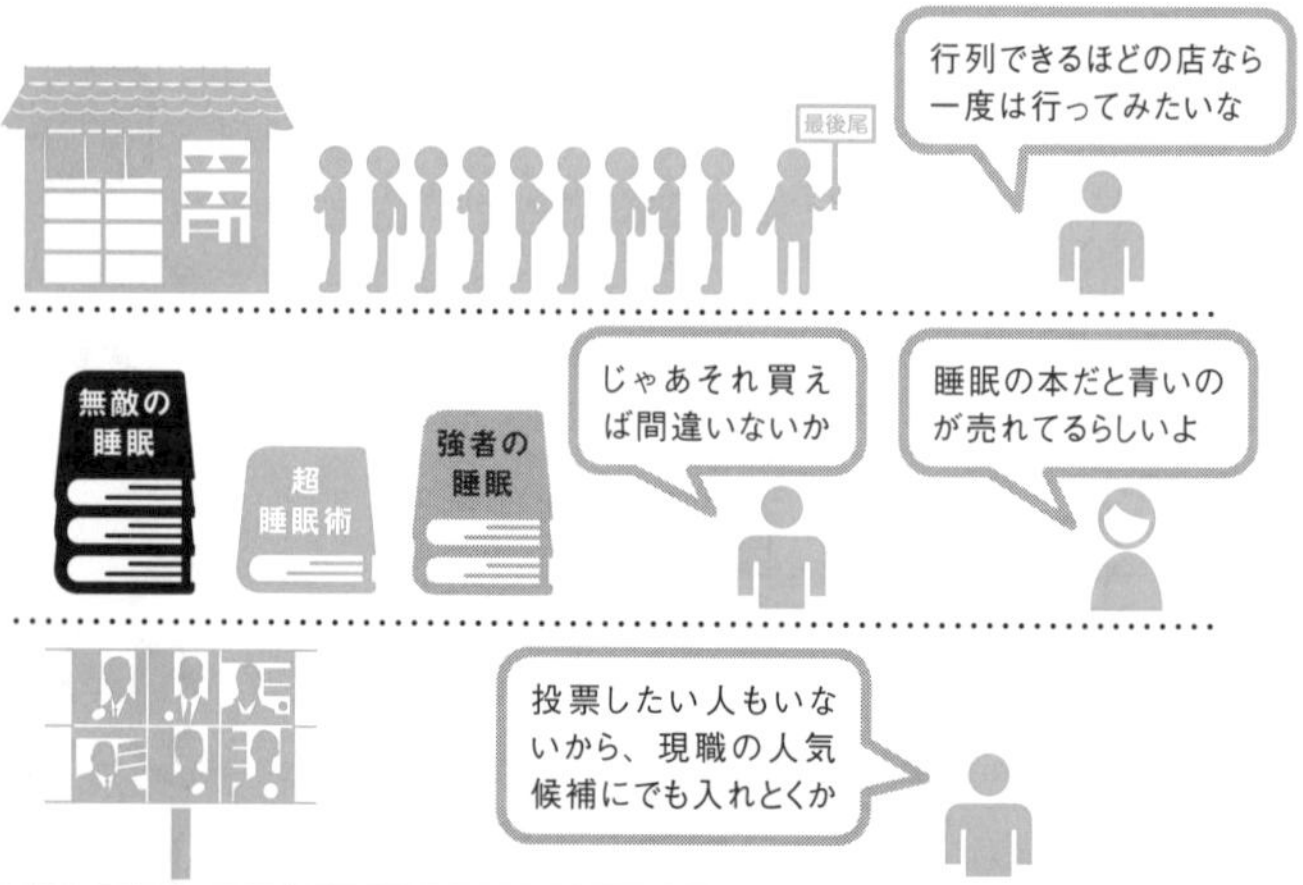
最後尾
行列できるほどの店なら一度は行ってみたいな
無敵の睡眠
超睡眠術
強者の睡眠
じゃあそれ買えば間違いないか
睡眠の本だと青いのが売れてるらしいよ
投票したい人もいないから、現職の人気候補にでも入れとくか

人は、多くの人から支持されているもののことを、価値があると考えやすいため、一度人気が出ると、さらなる人気につながりやすい

用します。

その方法とは、**すでに人気がある人、認められている価値観、大きなコミュニティができあがっているものに近づき、自分のアイデンティティを同化させていく**のです。

わかりやすくするために、ネットワークビジネスを例に説明しましょう。

ネットワークビジネスの世界には、コミュニティとコミュニティをつなぐキーパーソンがいます。

たとえば、あるネットワークビジネスが立ち上がったとき、最初は会員だけがお得な価格で商品を購入できるという形で仲間を増やしていったとしましょう。

しかし、ある程度ネットワークが広がると、「お得な価格」というだけでは引き寄せられる人は減っていきます。

そこで、ネットワークビジネスのキーパーソンは、「自然食品に興味のある女性たちのコミュニティ」「環境問題に意識の高い人たちのコミュニティ」「食品添加物が引き起こすアレルギーに悩む子どものいる親たちのコミュニティ」といった別のコミュニティに目をつけ、そのコミュニティで支持を集めている考え方を学びます。

なぜ、自然食品が体にいいとされているのか。環境に悪影響を与えにくい商品とはどんなものなのか。食品添加物が原因とされるアレルギーにはどんな症状があるのか……。

これらはすべて、**それぞれのコミュニティでバンドワゴン効果を発揮している考え方です**。自然食品が体にいいと信じているからこそ女性たちはそこに集まり、環境破壊に心を痛めているからこそ人々はそこに集まり、食品添加物とアレルギーの関係を疑っているからこそ親たちはそこに集まっています。

その**アイデンティティを理解したうえで、ネットワークビジネスのキーパーソンは各コミュニティで自分たちの扱う商品が、彼らの悩み解決の糸口になるかもしれないと示唆す**るのです。

すると、すべてのコミュニティが商品を通じてつながり、ネットワークは拡大。バンドワゴン効果を駆使したキーパーソンは、大きな報酬を手にするだけでなく、コミュニティ内に強い影響力を持つようになっていくわけです。

「バンドワゴン効果」で賢いキャリア選択を

実はYouTuberの世界でも、バンドワゴン効果は日常的に使われています。それは「コラボ動画」と呼ばれる動画です。

人気YouTuberが別の人気YouTuberとコラボレーションし、それぞれのチャンネルで動画をアップします。

すると、AというYouTuberのファンたちはAチャンネルの動画を通じて、YouTuber Bを知ることになります。

これは偶然、YouTuber Bの動画に触れるのとは意味合いが大きく異なるわけです。

すでにファンになっているAがBと楽しそうに話している姿を見ることで、「Bもいい

YouTuberのコラボも
「バンドワゴン効果」

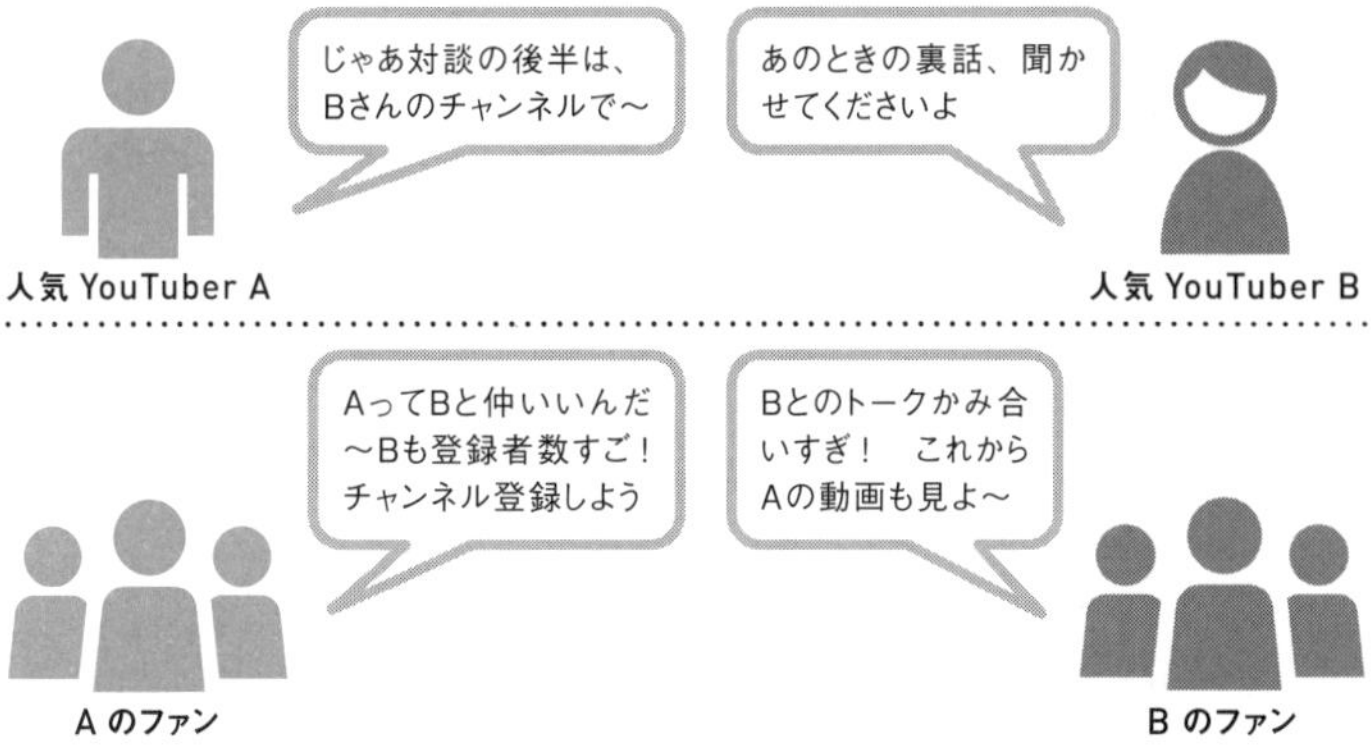
じゃあ対談の後半は、
Bさんのチャンネルで～
あのときの裏話、聞か
せてくださいよ
人気 YouTuber A
人気 YouTuber B
Aってbと仲いいんだ
～Bも登録者数すご！
チャンネル登録しよう
Bとのトークかみ合
いすぎ！　これから
Aの動画も見よ～
A のファン
B のファン

コミュニティで人気の人（この場合YouTuber）が「仲がいい」「認めている」存在は、コミュニティ内の他の人（この場合ファン）も支持しやすい

人に違いない」「Bの動画もおもしろいはず」というバンドワゴン効果が働きます。

結果、AとBのコミュニティがつながり、双方のチャンネルの視聴者数が増加します。なぜなら、**人は人気のあるものに引き寄せられるから**です。

とはいえ、あなたはネットワークビジネスをやってもいなければ、YouTuberでもないはずです。だとすると、バンドワゴン効果の使い道がないかと言えば、そんなことはありません。

このテクニックは転職をしようとするときや、副業を始める際など、キャリア選択の場面で役立ちます。

たとえば、私はこんな相談を受けたこと

があります。

ファッション業界で長く働いてきた経験があり、ファッションそのものの知識が豊富な人からは「アパレル関係の仕事で独立したいんですが、なかなかチャンスがなくて」というもの。

あるいは、心理学に関心があり、スクールカウンセラーの資格も取得している人からは「教育関係の仕事がしたいけど、いい就職先がない」というものでした。

こうした相談を受けたとき、私が必ず投げかけるのが「どうして自分の持っている知識を、より詳しい人が多い業界で使おうとするんですか？」という問いかけです。

というのも、ファッションとファッション業界の知識が豊富な人、心理学を学んだ有資格者を求める別のコミュニティは必ずあるからです。

特定の業界では当たり前の考え方が、別の業界では真新しいアイデアになることはめずらしくありません。そして、**そのアイデアを提案した人はコミュニティの中で「特定の業界の権威」として、周囲にバンドワゴン効果を発揮することができます。**

つまり、すでに評価の固まっているコミュニティから飛び出し、別のコミュニティに飛び込むことで、あなたは「行列のできる人気店」や「ヒット商品」「優勢だと報じられた候補者」のように見なされるのです。

自分の持っている知識、経験がどこに行けば活きるのか。そんな視点から広く活躍できる場を探してみてください。

ポイント

自分の人気や優勢さを演出すると、その評判に安心して人が集まる。反対に人気が人為的かを調べれば踊らされない。

5 「ブラックユーモアとディスり」で評判を上げる

時代、時代に合わせて必ず毒舌で人気になる芸人さんが登場します。

彼らは、ブラックユーモアと絶妙なディスりで、対象となった人や物を落とすことで自分の評判は上げてしまう、という不思議な現象を起こします。

たとえば、今やトップクラスの司会者の位置にいる有吉弘行《ありよしひろいき》さんの再ブレイクのきっかけは、先輩芸人や俳優などに忖度《そんたく》せず、失礼ではあるものの、それでいて的確で笑える「あだ名」をつけるラベリングの技と毒舌でした。

なぜ、こうした芸人さんたちが人気を集めるかと言うと、**多くの人がブラックユーモアやディスりによってカタルシスを感じる**からです。

私も自分のチャンネルで配信する動画では毒舌を隠しません。それは歯に衣着せぬ発言

ディスりやブラックユーモアは、聞き手を気持ちよくする

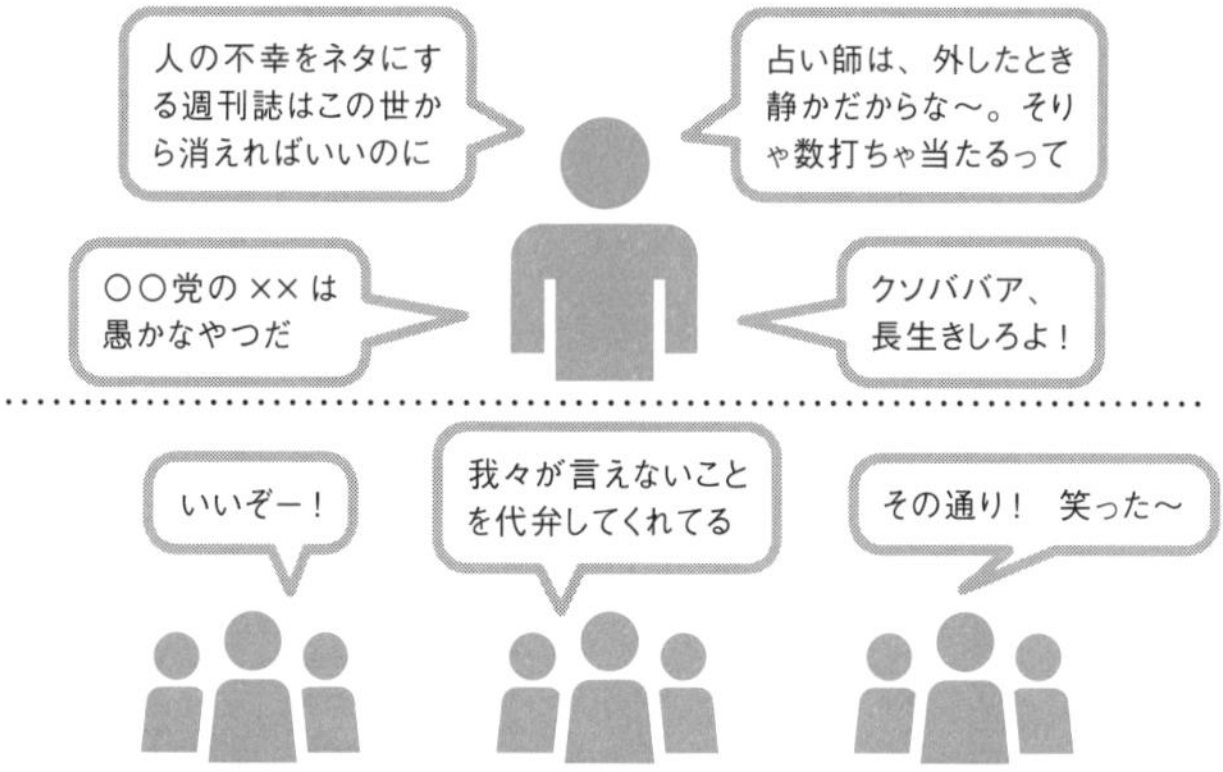
人の不幸をネタにする週刊誌はこの世から消えればいいのに
占い師は、外したとき静かだからな～。そりゃ数打ちゃ当たるって
○○党の××は愚かなやつだ
クソババア、長生きしろよ！
いいぞー！
我々が言えないことを代弁してくれてる
その通り！　笑った～

ディスりやブラックユーモアは、人にカタルシスを感じさせるとともに、聞き手の興味や注目を集めることもできる

が見ている人の気持ちを高揚させ、そのあとに続く話の説得力を高めることを知っているからです。

歴史上の偉人たちのスピーチを分析した研究によると、彼らは決して聖人君子ではなく、口汚い言葉も交えたブラックユーモアで笑いを誘い、ライバルをディスってはこき下ろしていたことがわかります。しかも、それは意図的に行なわれていました。

というのも、**スピーチの最初と最後にブラックユーモアとディスりを盛り込むと、オーディエンスがスピーチに耳を傾けるようになり、説得力、影響力が増していく**からです。

私は、失言が多いとされたドナルド・トランプ前アメリカ大統領に熱狂的な支持者

がつき続けたのも、記者会見の場で新聞記者をやり込めた橋下徹《はしもととおる》元大阪市長が市民の支持をがっちりとつかんでいたのも、ブラックユーモアとディスりの効果を味方につけ、人々の心を動かしたからだと見ています。

汚い言葉、強い言葉が説得力を持つのは話し手の感情が乗るから

2005年、ノーザンイリノイ大学が行なった研究があります。研究チームは被験者を集め、次の3つのパターンのスピーチを見せました。

1. スピーチの最初と最後に、軽い悪罵《あくば》を言う(Goddamn や damn it など)
2. スピーチの最後に軽い悪罵を言う
3. 一般的なスピーチ

ちなみに、軽い罵倒の「ガッデム」や「ダム」は日本語で言うなら「チクショー」や

「くそっ」くらいの悪態で、3つのスピーチの内容自体は同じものでした。

その後、被験者にスピーチからの影響を尋ねたところ、最も強く影響を受けたスピーチは「①スピーチの最初と最後に、軽い悪罵を言う」という結果になったのです。

研究チームによると、最初の罵倒が入ることでスピーチへの注目度が上がって続く内容にも耳を傾けるようになり、さらに最後に罵倒が入ることで聞き手に話し手の強い意志を印象づけることにつながったと指摘しています。

これは「ガッデム」や「ダム」といった汚い言葉、強い言葉には話し手の感情が乗るため。つまり、**最初の罵倒で聞き手の集中力が増し、最後の罵倒でスピーチに対する話し手の本気度が高かったという印象が残り、説得力、影響力が増す**わけです。

ただし、スピーチの内容に信憑性がなければ説得力、影響力は持続しません。

とはいえ、ここで注目したいのは、最初と最後に罵倒という要素を入れるだけで説得力、影響力があるように錯覚《さっかく》を起こすことができる、という点です。

もし、あなたが「チーム内でスピーチをする」「1対1で誰かを説得しなくてはいけない」、「でも、話の内容に自信がない」「語る説の裏づけが弱い」といった状況になったと

ディスりは、向ける対象に注意

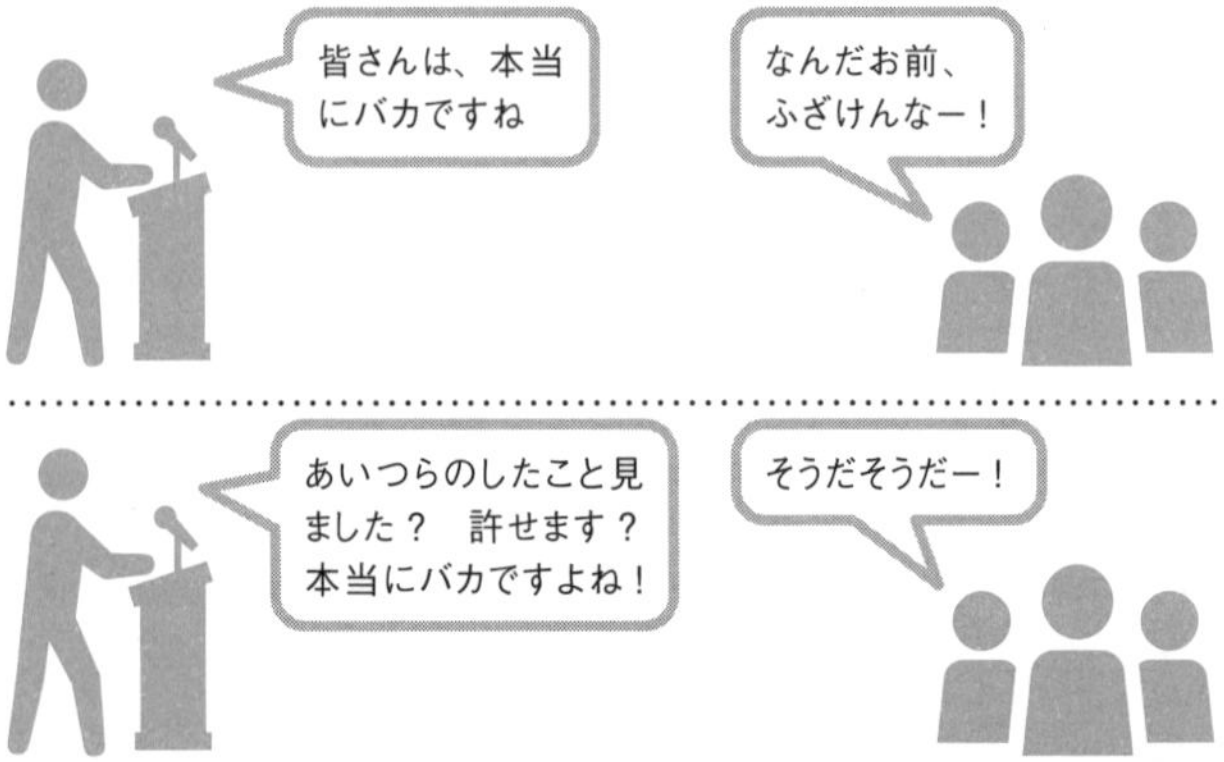
皆さんは、本当にバカですね
なんだお前、ふざけんなー！
あいつらのしたこと見ました？　許せます？本当にバカですよね！
そうだそうだー！

ディスりは、冒頭と最後に入れると、聞き手が話し手の熱を感じやすい。ただし、ディスりの対象は、聴衆ではなく巨悪や社会などに向けること

き、ブラックユーモアとディスりの効果を思い出しましょう。

たとえば、「今日は朝から本当に腹が立って仕方がなかった。あのひどい事件のニュースを見ましたか？」と時事ネタに対する怒りの表明から話を始め、本題について語ったあと、再び「しかし、思い返しても腹が立つ。でも、その怒りをエネルギーに変えてがんばりましょう」といった形で締めます。

すると、**間に挟まれていた本題の内容が今ひとつでも、聞き手は熱のこもった話を聞いたような印象を持ってくれる**のです。

ですが、この作戦を使うとき、注意しなければいけないポイントがあります。

それは、**聞き手や聴衆の属するコミュニティをブラックユーモアやディスりの対象にしてはいけない、**という点です。

素材として使えるのは、時事ネタやその場にいない人、ライバル会社、ゴシップ、社会制度など、話し手と聞き手の間で共通点のある話題でありながら、直接の攻撃にならないものです。

聞き手を揶揄するあだ名をつけて、それをブラックユーモアに転換しながら話を盛り上げていくといった高度な話法は、プロの芸人さんに任せましょう。

ポイント……

悪罵《あくば》は、聞き手の注意力を上げ、
話し手の熱を伝えるのに効果的。
一方で、悪罵を聞いて快感を覚えた際は要注意。

6 「不自然な感情表現」で「イエス」と言わせる

6つ目は、相手に不安を感じさせることで、会話や交渉の主導権を握るダークなテクニックです。

2013年、コロンビア大学が周囲の人への影響力を増やしたい場面でどういう感情を相手に見せると効果的なのかを調査した研究を発表しました。

研究チームはベンチャー企業との交渉の場に被験者を送り込み、次の2つのパターンの感情表現で交渉を行なってもらいました。

1 素直な感情表現で交渉してもらう

被験者は、笑顔で「今日はお会いできてうれしいです」とあいさつをし、交渉が難航する場面では「その条件には苛立ちを感じます」と厳しい表情を浮かべる。

❷不自然な感情表現で交渉してもらう

被験者は、怒ったような、苛立ちを抱えたような表情で「今日はお会いできてうれしいです」とあいさつをし、交渉が難航する場面では満面の笑みを浮かべながら「その条件には苛立ちを感じますね」と返す。

常識的に考えると、表情や態度などの感情表現と話している内容が一致している❶のパターンのほうがスムーズに交渉が進み、うまく話がまとまりそうに思えます。

ところが、実験の結果は逆で、表情や態度などの感情表現と話している内容がちぐはぐな❷のパターンのほうが、交渉は有利に進み、最終的な成績には2倍の差が生じました。

つまり、**感情表現と話している内容が不一致になるように仕掛けると、交渉の主導権を握ることができ、成功率も上がる**という結果になったのです。

その理由について研究チームは「一貫性がない感情表現によって、交渉相手の心に不安が生じ、場の状況をコントロールできていない状態になってしまう」と指摘しています。

不安感によってその場のコントロールがうまくできなくなり、主導権を渡してしまうわけです。

不自然な感情表現は、主導権をにぎりやすい

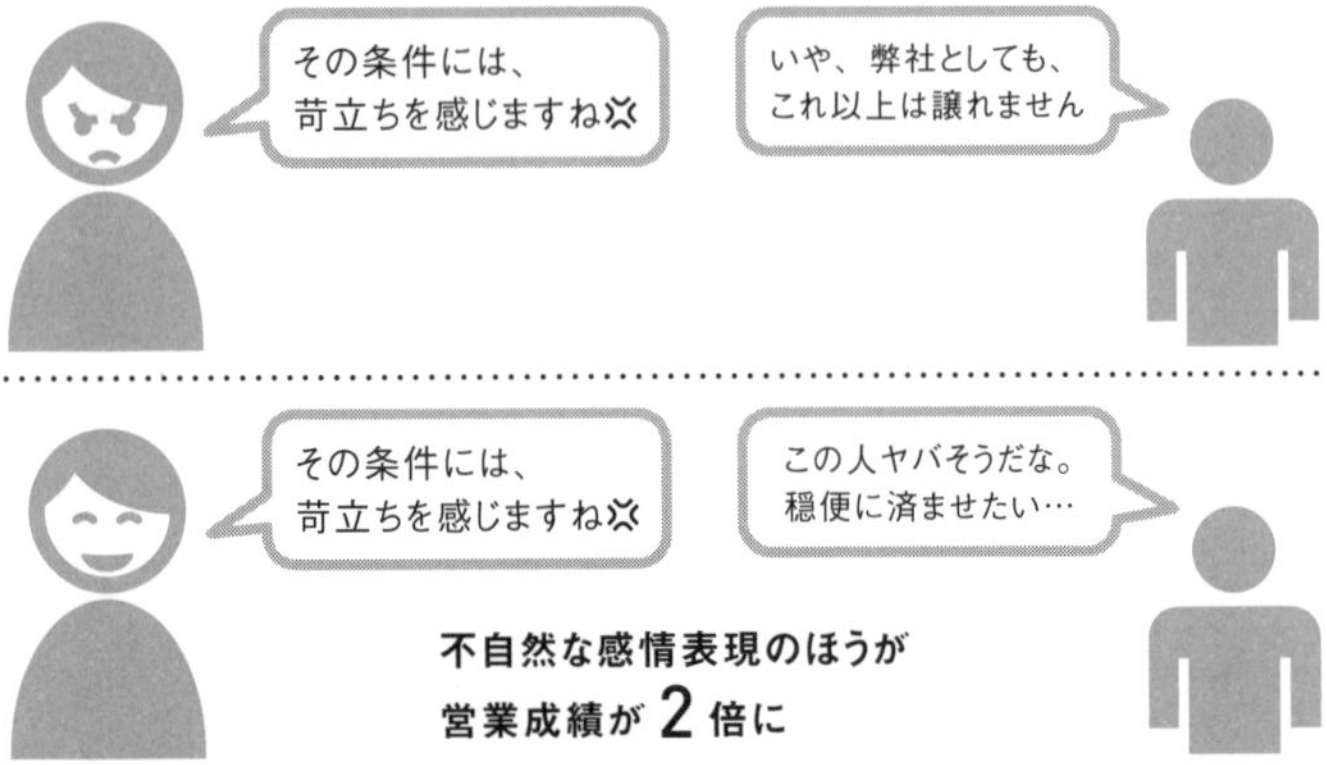

その条件には、苛立ちを感じますね
いや、弊社としても、これ以上は譲れません
その条件には、苛立ちを感じますね
この人ヤバそうだな。穏便に済ませたい…
不自然な感情表現のほうが営業成績が2倍に

人は、一貫性のない感情表現に出会うと不安を感じ、その場のコントロールができなくなって、ペースを相手に渡してしまう

逆に、これはサイコパス傾向のある人がビジネスの現場で、一定の成果を出し、評価されることの理由にもなっています。

サイコパス傾向のある人は秀でた能力がある一方で、他人の感情を忖度する機能が著しく欠けています。ですから、交渉が優位に運ぶと経験的に理解していればニコニコしながら「イラつきますね」と言い、笑顔を浮かべながら「あなたは私をバカにしていますか?」と言い放つことに何ら抵抗を感じないわけです。

結果、**サイコパス傾向の人たちは交渉や面談の場で強さを発揮。相手を不安にさせ、属しているコミュニティに有利な条件を引き出す**のです。

視線の動き1つで相手の不安を煽る

私は実際に交渉の場でこのテクニックを使っています。

たとえば、広告代理店が入っての無駄に長い打ち合わせ、意味のない確認、リハーサルを何度も求めてくるような収録現場など、貴重な時間が有意義ではない形で失われていく事態になりそうなとき、主導権を握るため、相手の不安をかき立てます。

それは私や自分のチームメンバーを守るためです。こちらに害をもたらすアプローチをしていて、しかもそれに無自覚であるなら、信頼関係を結ぶべき相手ではありません。ならば、容赦なく攻めに出ます。もちろん、できるだけ波風を立てずに多くの人と信頼関係を築き、スムーズにビジネスを進めていきたいという気持ちはありますが、こちらが被害を受ける可能性が見えているなら、そんな相手とは縁を切り、まだ見ぬ新しい人たちと出会うために時間を使ったほうが有意義だからです。

視線の動き1つでも、
その場を掌握できる

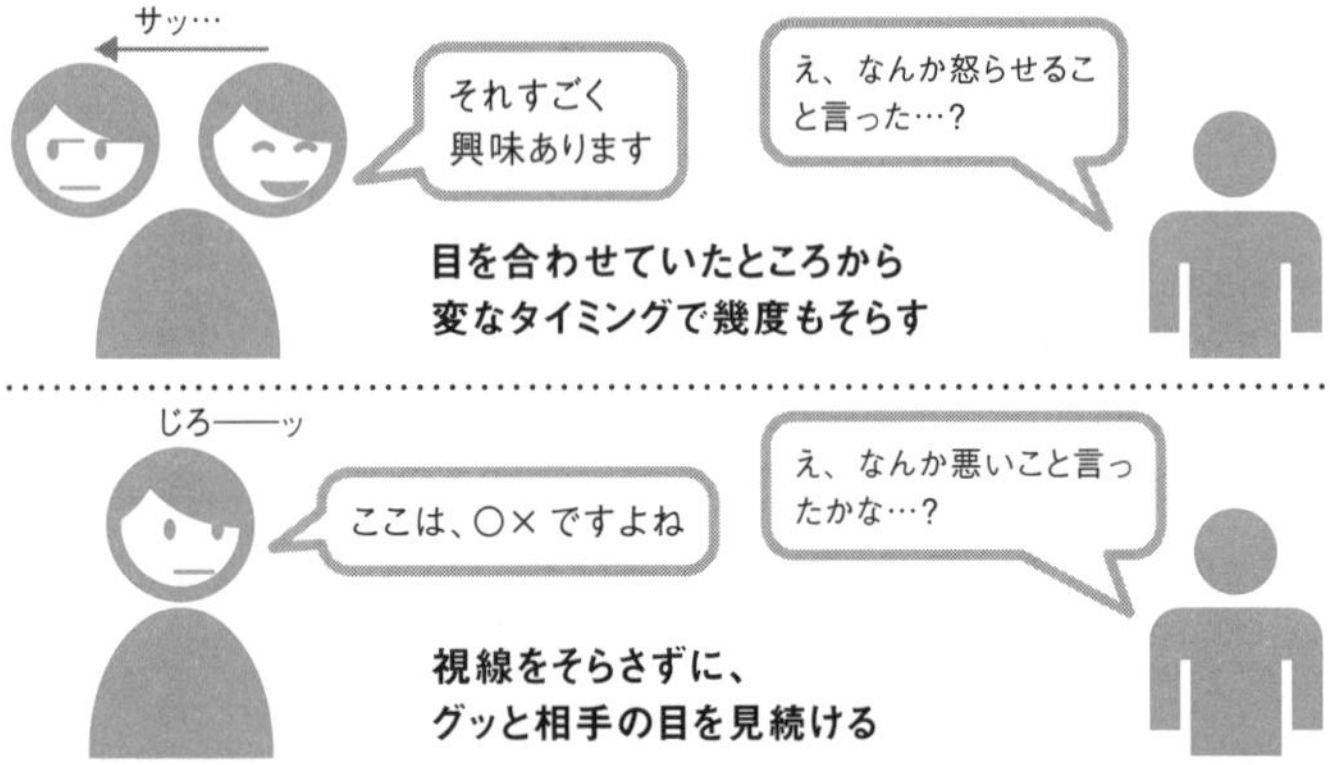

サッ…
それすごく
興味あります
え、なんか怒らせること言った…？
目を合わせていたところから
変なタイミングで幾度もそらす
じろーーッ
ここは、○× ですよね
え、なんか悪いこと言ったかな…？
視線をそらさずに、
グッと相手の目を見続ける

笑顔で怒りの言葉を述べる表現に比べ、視線は動き１つでできるので、より波風を立てずに、自然にその場を自分のペースにしやすい

とはいえ、笑顔で恫喝《どうかつ》したり、睨《にら》みつけながら懐柔するようなことを言ったりするのは、最終手段。あくまでビジネスの交渉の場ですから、自然な振る舞いの中に「不自然な感情表現」を盛り込むようにしています。

具体的には、視線を使います。

相手と目を合わせて話しながら、不自然なタイミングですっとそらします。

「ここは、○×ですよね」と興味を持って話しているような素振りを見せながら、このタイミングではありえないというところで目をそらし、視線を外すと、相手は「え？　なんだろう？」と思います。

そして、それが短いタイミングで何度か続くと「何か悪いことを言ったかな？」

「他に気になることがあるのかな？」といろいろ考え始め、不安感を募らせていくのです。

逆に「もう僕は絶対に目をそらしませんよ」というくらいの勢いでずっと相手の目を見て、話し続けるのも効果があります。通常の会話では、長くても数秒しか視線は合いません。それが何十秒と目を合わせ続けられると、相手は目をそらしたときと同じように勝手に想像力を膨らませて、不安になっていくのです。

この視線を使っての「不自然な感情表現」は、あなたも明日からすぐに試せるやり方です。どうしても交渉を有利に進めたいとき、会話の主導権を握りたいとき、目の動きを武器にして相手の心を動かしてしまいましょう。

ポイント

……不自然な感情表現は場の掌握に有効。逆に不自然な感情表現をされた場合は、テクニックを使われている、と用心を。

7 「恐怖からの解放の瞬間」に要求を飲ませる

相手に面倒な頼み事をしたい場面で使えるダークなテクニックが、ポーランドのオポーレ大学の研究チームが提唱する「FTR法」です。

FTRは「恐怖からの安心」(Fear-Then-Relief) の頭文字を取ったもの。これは人間の心理の弱さを突いた、かなりあくどいテクニックです。

オポーレ大学の研究チームは、通行人に項目数が多く面倒なアンケートをお願いするという設定で次の2つのシーンを作り、実験を行ないました。

1. 歩いてきた通行人に「すみません」と声をかけ、アンケートをお願いした
2. 歩いてきた通行人に対して、物陰に隠れていた研究チームのメンバーが警笛を鳴らし、相手が音に驚いたあと、別のメンバーが「すみません」とアンケートをお願い

お願いは、
「恐怖からの解放の瞬間」に

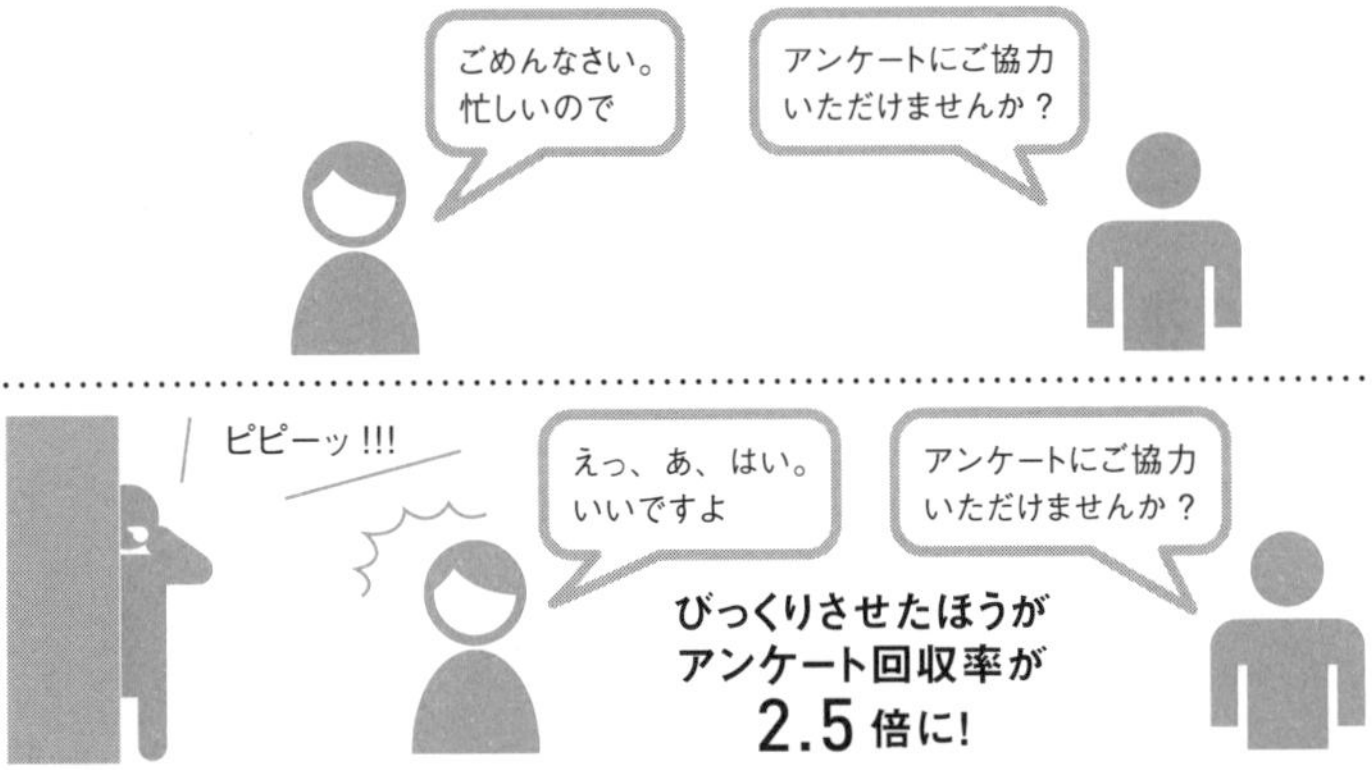
アンケートにご協力いただけませんか？
ごめんなさい。忙しいので
ピピーッ!!!
アンケートにご協力いただけませんか？
えっ、あ、はい。いいですよ
びっくりさせたほうがアンケート回収率が2.5倍に!

恐怖が去ってリラックスした瞬間にお願いをすると、「恐怖から解放された喜び」と「お願いに応えること」を結びつけて聞き入れられやすい

した

結果には大きな差が出ました。

警笛を鳴らし、「え？　なに？」と驚いたあとの❷の設定においては、アンケートの回収率は、❶の2・5倍になったのです。

この結果について研究チームは、「ポイントは、恐怖が去ってリラックスしたところで本来のお願いを切り出すこと。すると、相手は無意識に『恐怖から解放された喜び』と『お願いに応えること』を結びつける」と分析しています。

つまり、**受けたストレス、怖さから解放された安心感で、面倒な頼み事を引き受けてしまう**のです。

私は、このFTR法も実際に活用しています。

初めてのクライアントとの交渉、初めて出演する番組の現場などに入るとき、**ちょっと怖そうな人のイメージを演出**します。

「おはようございます」のあいさつくらいはしますが、その後の打ち合わせでは多くを語らず、なんなら本を読みながら黙って座っています。ただ、やりとりに無駄があると思ったら、すぐに指摘します。

「今日の行程表はこれです」と渡されたあと、「ここの休憩はいらないですよね?」「事前のリハーサルはナシでやれますよ」「そうしたら、30分早く終われますよね」といった感じです。

すると、私のアテンドをする担当者はじめ、クライアント側の偉い人も「やばいな、この人」「面倒だぞ、この人」と怖がります。ただし、私の主張はド正論なので、理不尽な難癖をつけているわけではありません。

こうして**相手側の緊張がピークになって、口数が少なくなり、現場に一定の緊張感が走ったところで、急に気さくな面を見せます。**気さくになると言っても、相手を褒め、お世辞で盛り上げるわけではありません。

アテンドしてくれている人の趣味を聞いたり、飼っているペットのことをたずねたりして、共通点があったら「僕もアニメはけっこう見ますよ」「猫はかわいいですよね」と雑談するだけです。

これで私なりのFTR法が完成。相手が緊張から解放され、ほっと安心したところで、こちらに都合のいい条件、聞いてもらいたいお願いを切り出せば、その要求はほぼ確実に受け入れられます。

無愛想からの笑顔で相手を安心させ、隙を突く

よくリーダーシップを巡る議論で、「リーダーは恐れられるべきか、慕われるべきか」という2択が提示されます。**どちらかのリーダー像を選ばなければならないのなら、私は恐れられることをオススメ**します。

なぜかと言えば、恐れられている人はFTR法を使うことができるからです。ところが、慕われている人は恐怖を演出することができないので、人の心を動かすための交渉の武器が1つ使えない状態になってしまいます。

普段、無愛想な人がたまに見せる優しさが大きく好感度をアップさせるように、恐れられている人がふと見せるユーモアや共感は相手を「恐怖から解放」させ、こちらの要求を飲ませる隙《すき》を作り出すのです。

相手に影響を与えたいときや、相手の行動を変えたいときは、何かしらの方法で相手に恐怖や緊張をもたらしたあと、気持ちが落ち着く瞬間を狙い、本題を切り出しましょう。

ポイント

恐怖→安心のあとに要求をすると通りやすくなる。
反対に、恐怖を与えられたあとの気さくさと要求には警戒を。

メンタリストDaiGo
（めんたりすと・だいご）

慶應義塾大学理工学部物理情報工学科卒。人の心を作ることに興味を持ち、人工知能記憶材料系マテリアルサイエンスを研究。英国発祥のメンタリズムを日本のメディアに初めて紹介し、日本唯一のメンタリストとしてTV番組に出演。その後、活動をビジネスやアカデミックな方向へ転換、企業のビジネスアドバイザーやプロダクト開発、作家、大学教授として活動。趣味は1日10～20冊程度の読書、猫と遊ぶこと、ニコニコ動画、ジム通いなど。ビジネスや話術、恋愛、子育てまで幅広いジャンルで人間心理をテーマにした著書は累計330万部を超える。
主な著書に、『自分を操る超集中力』（かんき出版）、『最短の時間で最大の成果を手に入れる超効率勉強法』（学研プラス）、『超発想力 思いつきをカタチにして人生を変える29の方法』（詩想社）など。

[オフィシャルサイト]
https://daigo.jp

[Dラボ-メンタリストDaiGoの心理学徹底解説]
https://daigovideolab.jp

超影響力《ちようえいきようりよく》
——歴史《れきし》を変《か》えたインフルエンサーに学《まな》ぶ人《ひと》の動《うご》かし方《かた》

令和3年2月10日　初版第1刷発行
令和3年3月25日　　　第3刷発行

著　者　メンタリストDaiGo

発行者　辻　浩明

発行所　祥《しよう》伝《でん》社《しや》

〒101-8701
東京都千代田区神田神保町3-3
☎03(3265)2081(販売部)
☎03(3265)1084(編集部)
☎03(3265)3622(業務部)

印　刷　堀内印刷

製　本　ナショナル製本

ISBN978-4-396-61751-6 C0033

祥伝社のホームページ・www.shodensha.co.jp